Método Evolhum para dejar de fumar definitivamente

Fácil, rápido y eficaz

FERNANDO BARBA
IZQUIERDO

ISBN: 1535195134
ISBN-13: 9781535195133

DEDICATORIA

Quiero dedicar este libro especialmente a mi esposa Conchy y a mis hijos Sandra y Alberto. El aliento que me transmiten cada día es el que me impulsa a trabajar en cada tarea por complicada que me pueda parecer. Son el verdadero motor de mi vida y espero poder dedicarles muchos libros más.

----==oOOo==----

Método Evolhum para dejar de fumar definitivamente

INDICE

Introducción   Pg 3

1   Tabaquismo   Pg 7

2   Salud y algo más   Pg 11

3   ¿Hábito o adicción?   Pg 15

4   Sin excusas   Pg 19

5   Recaídas   Pg 25

6   Motivación para dejar de fumar   Pg 29

7   Preparando el terreno   Pg 35

8   Automatismos   Pg 45

9   Buenas noticias   Pg 51

10 Decisión acertada   Pg 57

11 Refuerzos y recompensas   Pg 65

12 Fácil, rápido y eficaz   Pg 69

    Acerca del autor   Pg 75

AGRADECIMIENTOS

En primer lugar quiero agradecer el apoyo recibido de todas esas personas que, habiendo participado en mis talleres o programas de coaching, me han animado a escribir este libro. Gracias a todos ellos por la confianza que me han transmitido.

Agrezco a las plataformas Amazon y CreateSpace por la posibilidad que me brindan de publicar este libro y así contribuir humildemente a mejorar la salud y en consecuencia la calidad de vida de todas las personas que desean dejar de fumar.

Quería dar las gracias también a quienes forman parte de mi entorno más cercano, mis amigos, cuyas críticas y diferentes puntos de vista me ayudan a pulir ideas o conclusiones.

Y por último, quería agradecer especialmente a mi amigo Julian Macias, su apoyo limpio e incondicional, pero sobre todo su fidelidad y sinceridad.

----==oOOo==----

INTRODUCCIÓN

Siempre pensé que fumar era un simple hábito. Simple en el sentido de sencillo o leve, sin mucha trascendencia. Yo por entonces, hace ya más de treinta años, también fumaba aunque pensaba que podría dejarlo cuando quisiera <<solo es cuestión de fuerza de voluntad>> me decía. Además estaba totalmente convencido de que esa voluntad me sobraba, de manera que si no dejaba de fumar era porque realmente no tenía razones de peso que me impulsaran a ello. Estos pensamientos y argumentos resultan bastante familiares para las personas que fuman, en este sentido, todos somos más o menos iguales.

Por otro lado, aparentemente no tenía la sensación ni los síntomas de que el tabaco me estuviera perjudicando o me pudiera perjudicar en el futuro. En cualquier caso si alguna vez cambiaba de opinión o por lo que sea dejara de apetecerme, tenía claro que podría dejarlo fácilmente. Y respecto a la imagen pública de fumador, siendo sincero, tampoco me paré a pensar en que la acción puramente trivial de inhalar humo estuviera mejor o peor vista, solo sé que la mayoría de la gente de mi entorno fumaba y que a mí me tranquilizaba y a la vez me mantenía despejado, atento y despierto, para concentrarme mejor en las cosas que tenía que hacer.

Aproximadamente quince años después, aún rondaban por mi cabeza este tipo de pensamientos, pero comenzó a existir cierta presión social contra lo que muchos llamaban entonces "el vicio de fumar". En esa época ya llevaba yo al menos diez años como asiduo fumador. Si, asiduo, de los de treinta y cinco o cuarenta cigarrillos diarios.

Pues bien, a partir de ahí comencé a plantearme seriamente la posibilidad de dejar el tabaco y aún recuerdo perfectamente mis primeros y variados intentos. Lástima que solo se quedaran en eso: "intentos" sin una base sólida y con poca convicción.

¿Dónde estaba la fuerza de voluntad que creía tener? Aquello de estar unas horas sin fumar era más complicado y angustioso de lo que yo nunca hubiera imaginado. Me di cuenta de que lo que yo llamaba "costumbre o hábito" merecía un calificativo más serio, y seguramente adicción era lo más apropiado.

No obstante, cuando las cosas se complican tenemos la sana costumbre de buscar ayuda o auxilio en los demás... Bien, pues eso fue lo que yo hice, comenzar a preguntar a personas que consiguieron vencer al tabaco para saber cómo lo habían logrado. ¿Existía algún truco o método especial para dejar de fumar de una forma sencilla y más o menos rápida? Como a la mayoría, me horrorizaba pensar en un largo período de lucha y sacrificio.

Tras indagar en el asunto lo primero que advertí fue lo complicado que resultaba distinguir a los profesionales serios y experimentados de los falsos y embaucadores. Y más, cuando mucha o buena publicidad no es sinónimo de mucha o buena calidad. Claro, así era muy complicado encontrar un buen método o al menos uno que me sirviera a mí. De todas formas, la solución estuvo siempre a mi lado, y yo sin darme cuenta.

Por aquella época comenzaba a fraguarse lo que hoy he denominado: "Método Evolhum". Eran los comienzos de una serie de investigaciones sobre los procesos mentales que he ido depurando y perfeccionando a lo largo de los últimos treinta años. «El Método Evolhum es un sistema de entrenamiento cognitivo que sirve para mejorar el desarrollo de las capacidades humanas, incrementando así la eficacia en el rendimiento intelectual y físico». Pues bien, la clave para dejar de fumar era más sencilla de lo que nunca hubiera imaginado, la tuve prácticamente todo el tiempo a mi lado hasta que el actual Método Evolhum finalmente me mostró cómo desarrollarla, y eso es precisamente lo que hago en el contenido de los siguientes capítulos.

Antes de comenzar me gustaría advertir sobre la importancia que tienen dos factores respecto a la forma de utilizar este libro, ya que de su uso correcto o incorrecto dependerá el éxito del proyecto para dejar de fumar definitivamente. El primer factor a considerar es el orden de lectura pensado para que toda la información e instrucciones lleguen en el momento apropiado, cumpliendo así una misión intencionadamente planificada. Por ello, al menos, la primera vez que se lee es imprescindible seguir el orden establecido de los capítulos. Y el segundo factor a tener en cuenta es el de leer absolutamente todo, sin saltarse parte alguna, ya que incluso los párrafos más tediosos o aburridos pueden incluir mensajes e instrucciones fundamentales.

Repito, es importante seguir el orden de los capítulos y leerlo todo, todo. Porque aunque algo pueda parecer que ya se sabe, o que no parece útil, o que no se acaba de entender muy bien, es fundamental leerlo completamente. Insisto: todo lo que se cita en el libro está redactado por algo y para algo, incluso lo que pueda parecer sin sentido. Cada párrafo influye y es importante para lograr el objetivo principal. Esto no quiere decir que haya que prestar una atención o esfuerzo especial en la lectura, precisamente es todo lo contrario, si se lee todo y en el orden establecido resultará más ameno y fácil de leer y por supuesto también será más fácil dejar de fumar.

De lo anterior parece deducirse que primero es conveniente leer por completo el libro y luego iniciar el proceso de abandono del consumo de tabaco. Sería lo normal, pero no es imprescindible. El procedimiento no es tan estricto y se adapta en función de las preferencias de cada persona. De manera que cada cual es libre de comenzar reduciendo progresivamente el consumo o bien dejar de fumar totalmente desde el principio o en el momento que lo estime oportuno. Como veremos a lo largo del libro y más concretamente en el capítulo siete, estos procedimientos no se aplican de forma estándar, cada persona es un mundo y en esa variabilidad se encuentran las diferencias que estamos refiriendo.

No obstante, como suelo aclarar al principio de los procesos de coaching que vengo impartiendo: «Tan necesario es saber lo que hay que hacer como saber cómo hacerlo». Esto puede parecer una obviedad pero si lo pensamos con calma advertiremos que la mayor parte de la información que recibimos, sobre cualquier asunto, trata sobre lo que tenemos que hacer, pero pocas veces se nos explica cómo se hace. Aunque es cierto, y también conviene reconocer que mucha culpa de esto la tiene nuestra propia impaciencia... Y es que eso de la "letra pequeña" (información, guía de procedimiento o instrucciones) es algo que preferimos evitar.

De todas formas: ¡Calma y tranquilidad! Aquí no hay letra pequeña. En este libro se dice lo que hay que hacer pero también se explica cómo se hace: ¡fácil, rápido y eficaz! Sirva a título de ejemplo el capítulo dedicado a refuerzos y ayudas donde entre otras cosas se encuentra Mindfulness como una poderosa herramienta de ayuda al autocontrol, profundizando sobre los aspectos generales de esta técnica y explicando detalladamente su práctica aportación a la hora de conseguir el objetivo final, que no es otro que abandonar definitivamente el consumo de tabaco. Por tanto, cada herramienta, cada técnica y cada proceso tienen su propio espacio.

Por último, no quería acabar esta introducción sin mostrar mi satisfacción por tener la oportunidad de transmitir a los lectores la esencia del Método Evolhum con sus poderosas herramientas de autocontrol, que no solo servirán para dejar de fumar definitivamente, sino también para mejorar diferentes facetas o aspectos de sus vidas. Y aunque irán apareciendo nuevas publicaciones desarrollando otras vinculaciones prácticas del método, cada lector/a puede aprovechar la idea principal para aplicarla en función de sus propias necesidades.

1

TABAQUISMO

Si queremos comenzar con buen pie, lo primero que vamos a necesitar será llamar a las cosas por su nombre. Así, todos hablaremos y entenderemos lo mismo, evitando confusiones, dudas o malentendidos.

El tabaquismo, según la Real Academia de la Lengua Española (RAE) es una intoxicación producida por el abuso del consumo de tabaco. Y aunque puede parecer una definición un tanto exagerada, su reconocimiento como enfermedad o trastorno está cada vez más aceptado y extendido a nivel mundial. Como digo, la intención no es dramatizar para inducir miedo de ningún tipo, sino describir las cosas como son. En cualquier caso, ya vemos que el tabaquismo es un tema realmente serio.

Independientemente de la frecuencia en el consumo de tabaco, cada vez que se fuma se introducen en el organismo determinadas sustancias entre las que se encuentra la nicotina (sustancia conocida por su poder para crear adicción o dependencia). Esa adicción provoca la necesidad de fumar cada vez con mayor asiduidad o frecuencia, modificando de esta forma algunos comportamientos y hábitos encaminados a satisfacer esa necesidad.

Pues bien, según la Organización Mundial de la Salud, actualmente unos mil millones de personas en el mundo fuman diariamente y, por tanto, se ven afectados por las consecuencias del tabaquismo. En nota descriptiva de julio 2015 este Organismo informa que: «el tabaco es una de las mayores amenazas para la salud pública que ha tenido que afrontar el mundo. Mata a casi seis millones de personas al año, de las cuales más de cinco millones son consumidores directos y más de seiscientos mil son no fumadores expuestos al humo ajeno». Y aunque el número de fumadores ha disminuido, el consumo de cigarrillos se ha incrementado respecto a la última década del siglo pasado.

En general, las políticas de prevención de la salud en países desarrollados parecen centrarse más en el abandono del consumo de tabaco que en frenar la incorporación de nuevos fumadores. Y esto a pesar de que fumar ya no se muestra como ejemplo atractivo de madurez, sensatez o equilibrio, como sí que ocurría hace cuarenta o cincuenta años en la mayoría de espectáculos y medios de comunicación.

Prácticamente durante todo el siglo pasado el poder económico de las tabacaleras potenciaba su consumo incidiendo sobre los valores más profundos de los consumidores que veían como sus ídolos fumaban aparentemente de forma placentera. Cantantes, actores y actrices, políticos e intelectuales, etc. Es decir, todo tipo de personas famosas o relevantes se exhibían públicamente como asiduos consumidores de tabaco. Y claro, si esas personas tan exitosas, importantes o influyentes fumaban sería porque era bueno, es decir, la asociación del cigarrillo les aportaba buena imagen y estéticamente resultaba estar bien visto. Así pues, en esa época el mensaje, como decía la canción de Sara Montiel, era claro: «Fumar es un placer genial… ¡Venga! Todo el mundo a fumar».

Recientemente el comité nacional para la prevención del tabaquismo viene reclamando medidas de prevención más severas ya que desde la aprobación de la ley no ha habido prácticamente avances. Por ello, reclama adoptar medidas urgentes como el "empaquetado neutro" donde no aparezca el nombre ni el logotipo de la marca, de manera que las advertencias sobre la salud acaparen toda la atención y en consecuencia sean más impactantes. Argumentando también que la nueva imagen negativa junto a la desvinculación de la marca producirían disminución en el consumo.

No voy a especular sobre la viabilidad ni efectividad de estas u otras medidas. El objetivo de este libro no es analizar ni prevenir las causas del tabaquismo, y no voy a profundizar más en estos datos estadísticos, ni en las circunstancias en las que se producen. Solo decir, como puntualización antes de acabar el capítulo, que actualmente la idea social generalizada sobre el consumo de tabaco ha cambiado afortunadamente hacia el rechazo y ya no se contempla siquiera como moda pasajera que va y viene. En España prácticamente ha desaparecido de los medios publicitarios y se evita en la mayoría de eventos o espectáculos, habiendo descendido en consecuencia su influencia como ejemplo de virtud y estética.

Es cuestión de tiempo, pero resulta difícil mantener activo un comportamiento que la sociedad rechaza, limita, evita e incluso prohíbe en la mayoría de recintos y zonas públicas. Hoy día el consumo de tabaco está socialmente mal visto, y no solo desde la perspectiva de la salud, como veremos en el próximo capítulo, sino también desde el punto de vista económico y productivo.

2

SALUD Y ALGO MÁS

Incidiendo sobre el eje principal del capítulo anterior, el mundo desarrollado es hoy día plenamente consciente de que el consumo de tabaco además de provocar dependencia daña seriamente la salud. Los avances tecnológicos han permitido descubrir la enorme cantidad de componentes tóxicos que se incorporan al organismo como consecuencia de la inhalación del humo producido por la combustión de tabaco. De los aproximadamente cuatro mil productos químicos encontrados en el humo de los cigarrillos, se sabe que al menos doscientos cincuenta son nocivos.

Según la OMS (Organización Mundial de la Salud) el tabaquismo se relaciona con más doce tumores diferentes y sigue siendo actualmente la primera causa de invalidez y muerte prematura en el mundo. ¡Impresionante!

No voy a entrar en la descripción de más datos y cifras mareantes sobre las consecuencias negativas que el consumo de tabaco provoca. Porque, insisto, el objetivo de este libro no es el preventivo y porque no es mi intención inducir al miedo para influir en una decisión que debería nacer de la absoluta convicción de cada persona. Pero claro que es conveniente incidir las veces que sean necesarias para que entendamos bien que fumar repercute negativamente sobre la salud, eso es algo incuestionable que no puede dejarnos indiferentes por muchos intereses económicos que estén detrás pretendiéndonos convencer de lo contrario. Teniendo en cuenta además que el nivel de perjuicio es mayor y más grave que en factores tan alarmantes como los accidentes de tráfico, con el consiguiente incremento de costes sociales que eso conlleva.

Es también importante hacer constar que los efectos nocivos del consumo del tabaco no solo afecta a las personas que fuman, sino a los consumidores pasivos que indirectamente inhalan el humo del tabaco. Es decir, para todas aquellas personas que por diversos motivos frecuentan ambientes contaminados con el humo exhalado por los fumadores.

Pero como digo, todos estos datos son sobradamente conocidos por el conjunto de la sociedad, y no por incidir más en ellos, vamos a conseguir que disminuya el número de fumadores. La persona que fuma sabe perfectamente que es perjudicial para su salud, y a pesar de ello continúa fumando ¿por qué? Existe diferentes causas pero la más frecuente es porque en su yo más profundo, en su inconsciente "cree que no puede dejarlo", y aunque lo desearía se ve incapaz de controlar la adicción, el hábito o ambos. En muchos casos hay personas que se sienten derrotadas antes de intentarlo siquiera; lo ven tan complicado y sacrificado que ni lo intentan.

Hasta ahora hemos visto la repercusión que el tabaquismo tiene sobre la salud porque ese debería ser el motivo principal, sin duda, para dejar de fumar, pero no es el único como veremos en el capítulo sobre "motivación para dejar de fumar". El consumo de tabaco tiene también otro coste añadido que es el económico. Por un lado el interés económico de las tabacaleras que les impulsa a llevar los argumentos y estadísticas hacia su terreno, de manera que la gente siga consumiendo tabaco. Y por otro lado el factor económico como coste negativo para los propios consumidores.

Efectivamente, la compra diaria de cigarrillos supone un gasto importante mínimo de seis o siete euros de media al día. Lo que significa que el gasto medio mensual es de ciento noventa y cinco euros y el anual dos mil trescientos cuarenta euros. Es decir, próximo al treinta por ciento del salario mínimo en España en el año dos mil quince. Por tanto, un trabajador que solo perciba el salario mínimo y fume una cajetilla y media diaria gasta un tercio de lo que gana en el consumo de tabaco ¡Increíble! ¿Cómo puede seguir fumando? ¿Cómo puede seguir viviendo? Desafortunadamente hay muchas personas en esta situación y siguen fumando. No sé cómo lo hacen, pero para ellos es casi más importante fumar que comer y por supuesto que vestir.

Decir también que el coste económico que acabamos de ver es el directo. Porque existe otro indirecto o social y es el que pagamos todos por el tabaco, fumadores y no fumadores, a través de las campañas destinas a concienciar del perjuicio del tabaquismo, así como el destinado en sanidad a curar a las personas afectadas por las enfermedades derivadas del consumo de tabaco.

Hemos visto, en orden de importancia, la repercusión del consumo de tabaco sobre la salud y sobre la economía, pero no quisiera acabar el capítulo sin hacer mención breve a otra consecuencia de menor relevancia personal y social pero importante también para las personas que fuman. Se trata de la autoestima, un factor psicológico del que se habla poco y del que ni los propios fumadores habitualmente son conscientes. Y es que efectivamente, existe una influencia negativa sobre la autoestima que se produce casi de forma permanente cuando quien consume tabaco siente que no tiene el control sobre ese consumo. Entonces se ve incapaz de imponer su voluntad y eso termina mermando la valoración que tiene de sí mismo.

Es cierto que algunos fumadores se autoengañan cuando en lugar de admitir que la adicción les puede, siguen pensando que son ellos quienes controlan la situación y quienes consumen cigarrillos por propia voluntad. Pero eso no es cierto, realmente ese pensamiento es un engaño encubierto ya que en el fondo saben que no es así y que el control lo tiene la nicotina. Cuando dejan de fumar y abandonan definitivamente el consumo de tabaco es cuando aprecian precisamente lo contrario, es decir, un aumento de autoestima porque entonces sí que es cierto que el control es de ellos y entonces su voluntad se ve reforzada al haber vencido al poder adictivo de la nicotina.

Resumiendo lo abordado en el capítulo podemos decir que desde la perspectiva de quienes consumen tabaco, no solo la salud se ve notablemente perjudicada, sino también su economía y un aspecto psicológico tan importante como su autoestima.

3

¿HÁBITO O ADICCIÓN?

Que el consumo de tabaco provoca dependencia es algo indiscutible y asumido, sobre todo, por los propios fumadores que saben bien lo que significa estar algún tiempo sin poder fumar. Y cuando hablamos de dependencia hablamos de necesidad, en este caso de fumar regularmente con cierta frecuencia.

Pues bien, ciñéndonos a la pregunta que da nombre a este capítulo, algunos se preguntarán: « ¿Tan importante es poner "apellido" a la dependencia como para tener que diferenciarla entre hábito o adicción?». En este caso sí que lo es, sobre todo para que el método Evolhum que vamos a utilizar en esta guía cumpla sus objetivos y se desarrolle con verdadera eficacia como vamos a ver seguidamente.

La dependencia del tabaco genera por un lado una adicción física provocada por la nicotina que es una de las drogas más adictivas que existen. Se encuentra en las hojas del tabaco y penetra en el organismo a través de la inhalación del humo, distribuyéndose por la sangre hasta llegar al cerebro en menos de un minuto. De las miles de sustancias que contiene un cigarrillo solo la nicotina crea dependencia o necesidad de consumir más, si bien existen otras sustancias incorporadas, concretamente determinados azúcares, que potencian los efectos de la nicotina consiguiendo que sea aún más adictiva.

Es justo significar que también es cierta la atribución que se hace a la nicotina sobre propiedades estimulantes que la relacionan con el aumento de la atención y la memoria. Si bien existe controversia en este aspecto ya que no está demostrado si esos efectos estimulantes son origen o causa, es decir, si los incrementa la nicotina o si se producen porque la propia abstinencia provoca precisamente falta de atención, irritabilidad y en consecuencia déficit de memoria que se compensa y regula tras su consumo.

En cualquier caso, es importante saber que en el consumo de tabaco existe ese componente adictivo que lleva al organismo hacia una dependencia fisiológica que hay que tratar de manera independiente, como veremos más adelante.

No obstante, además de la adicción que acabamos de explicar existe también una dependencia psicológica que llamamos hábitos y que están directamente relacionados con el consumo de tabaco. En este caso se trata de necesidades relativas o indirectas. Por ejemplo, si cada vez que tomo un café enciendo un cigarrillo, y esto lo vengo haciendo miles de veces a lo largo de los años, cuando estoy intentando dejar de fumar y voy a tomar un café aparece automáticamente el comportamiento habitual asociado que sería encender un cigarrillo. Después de hacerlo miles de veces se ha convertido en un hábito.

Intuyo lo que ahora estarán pensando la mayoría de los fumadores: «A mí me pasa después de comer, y antes de un examen, o después de hacer el amor, o cuando escucho música, o cuando tengo una reunión, o mientras veo fútbol o leo…». Efectivamente, la dependencia psicológica asociada al consumo de tabaco es amplia y variada. Son tantas las asociaciones vinculadas a determinadas circunstancias y ambientes que, por supuesto, hay que considerarlas de forma independiente a la adicción.

Es importante entender que la adicción y el hábito no solo crean la dependencia al tabaco de forma individual o por separado, sino que además se retroalimentan entre sí reforzando la cohesión y el vínculo con el consumo. De manera que por un lado es la adicción la que provoca las ganas de coger un cigarrillo pero en otras ocasiones es el hábito psicológico, automatizado por el ambiente o las circunstancias, el que estimula a la propia adicción

Podemos adelantar ya que la fase de control de la adicción es más sencilla y menos duradera de lo que la gente cree. En cambio en la dependencia psicológica es más complicada y lenta de controlar, ya que se trata de comportamiento automáticos y por tanto no conscientes que tendremos que desvincular. Pero ¡Que no cunda el pánico! Como veremos en los próximos capítulos, no es tan grave como pueda parecer ni tan malo como nos han contado. Lo importante era conocer los entresijos de la dependencia en el consumo de tabaco y saber diferenciar entre hábito y adicción. Una vez que lo hemos aclarado estamos en disposición de afrontar el tratamiento sabiendo a lo que nos enfrentamos realmente en su justa medida.

----==oOOo==----

4

SIN EXCUSAS

Independientemente de que cada fumador tenga sus propias razones para seguir fumando, la idea de este capítulo es diferenciar entre razones y excusas. Dejando bien claro que, en el caso de quienes consumen tabaco, solo son eso: "excusas" sin base cierta y sin ninguna justificación. ¡Así de tajante! Por tanto, de lo que se trata es de ser realistas para entender y aceptar que el único motivo por el que se sigue fumando es por la incapacidad de superar la adicción y el resto de justificaciones o razonamientos no sirven por no ser ni tan siquiera creíbles.

Si preguntamos a miles de fumadores sobre sus motivos para fumar o continuar fumando, la mayoría coinciden en argumentar que lo hacen porque les gusta. ¡Qué simple! Eso es evidente y se da por supuesto. Pero ¿en qué sentido les gusta: por placer, por relajación o serenidad, por despejar sus mentes y mantener un buen nivel de concentración?

Cuando a las personas consumidoras de tabaco se les cuestiona esa actitud y se les pregunta las razones por las que no abandonan el tabaco aun sabiendo que les perjudica gravemente, puede haber diferencias en matices pero básicamente la mayor parte de las respuestas coinciden en el fondo y forman parte de las excusas más habituales. Vamos a detallarlas y profundizar brevemente en todas ellas para determinar si son razonamientos más o menos admisibles o solo se trata de excusas:

¿Por qué, a pesar del perjuicio que le ocasiona el consumo de tabaco, sigue fumando?

- Porque soy incapaz de dejarlo. Por más que lo intento no puedo. No tengo fuerza de voluntad. Soy así... Qué le vamos a hacer.

Suele ser la excusa más simple y aceptada por la mayoría. Pero de razonable tiene poco, y más teniendo en cuenta que con esa forma de pensar se está admitiendo la derrota antes de luchar. Además es poco serio argumentar falta de voluntad, cuando la voluntad es no intentarlo seriamente.

- Porque no es tan malo como dicen y todo es una campaña contra el tabaco.

¿Alguien, hoy día, puede creer eso? Seguro que no. Existen tantos estudios diferentes, en tantos países diferentes y hechos por organismos tan diferentes que es imposible que todos se equivoquen o que todos nos quieran engañar. Por tanto, no hay lugar a la duda, no hay lugar a la discusión, no hay lugar a la excusa. El tabaco sí es tan malo como dicen.

- Porque otros productos que consumimos son igual de malos o peores y no los persiguen tanto, ni los prohíben.

Por supuesto que existen otros productos nocivos y alguno de ellos se consumen, pero sin entrar a valorar ni a discutir sobre la existencia de esos productos, lo que está claro es que en ningún caso se consumen con la frecuencia o asiduidad que el tabaco. Y por alguien está pensando en el alcohol, hay que decir que el tratamiento social y publicitario es similar al del tabaco, siendo evidentes los graves problemas de salud que el abuso de alcohol provoca.

Además el hecho de que algo esté o no prohibido no quiere decir que sea mejor o peor para la salud. Evidentemente cuando hablamos de tabaquismo no hablamos de fumar un cigarrillo al día o trescientos al año, sino de miles y miles.

- Porque hay personas que han fumado toda su vida y han gozado de buena salud durante muchos muchos años.

Primero decir que naturalmente no todos somos iguales, hay personas que son más fuertes fisiológicamente que otras, pero eso no quiere decir que el consumo de tabaco no les afecte, por supuesto que les afecta y por supuesto que si no fumaran vivirían más y mejores años aún. Y segundo, decir que aunque en todo hay excepciones, eso no justifica que yo quiera arriesgar mi salud porque una minoría de fumadores se libren de sufrir un infarto o padecer cáncer de esófago o de pulmón. ¿Tiene sentido correr ese riesgo?

- Porque ahora es muy mal momento para dejar de fumar. Estoy preparando una oposición... Tengo que presentar un proyecto... Todos los días tengo alguna entrevista de trabajo... Tengo que estar bien centrado en mis estudios... Ahora estoy con líos familiares...

Si se trata de buscar el momento ideal, no existe. Siempre habrá algo que nos ocupe y preocupe, ya sea de estudios, trabajo o relaciones sociales. En el fondo lo que se dice con este tipo de excusa es que se necesita disponer de un período sin estrés ni preocupaciones, pero incluso aunque alguien pudiera retirarse durante un mes a vivir como un monje, aislado del mundo y de los problemas cotidianos, no sería considerado como buen momento para dejar de fumar dada la ansiedad que el cambio de vida tan radical le produciría. Por tanto, ese hipotético momento o período ideal no existe y en realidad cualquier momento es bueno para dejar de consumir tabaco.

- Porque me gusta fumar, me resulta placentero y aunque entiendo que es nocivo o perjudicial para la salud, yo lo que hago es compensarlo haciendo mucho ejercicio y cuidando mi alimentación y mi estilo de vida.

Esta podría ser la excusa "perfecta". Parece razonable y por ello muchos fumadores se aferran a ella pero ¿realmente tiene sentido? Cuando alguien se cuida y hace ejercicio con regularidad es muy extraño que fume y si lo hace es con tan baja frecuencia que prácticamente no necesita esforzarse para dejar totalmente de fumar. Realmente, cualquiera que mire por su salud lo primero que hace es dejar el consumo de tabaco. Su cuerpo lo agradece inmediatamente y es algo que cualquier fácilmente puede advertir.

Hemos visto las excusas más habituales que los fumadores utilizan como argumento para justificar las razones por las que siguen consumiendo tabaco. Existen algunas más, pero son similares o variantes de éstas mismas.

No es cuestión de que esos argumentos o razones sean más o menos creíbles por los demás. No importa lo que piensen los demás, lo que importa es que el propio fumador crea o no en esas razones después de analizarlas y valorarlas en profundidad. Lo que importa es que el propio fumador se pregunte sobre las causas por la que sigue fumando y se responda con sinceridad y rigor. Porque mientras para el fumador exista una mínima razón que justifique que siga fumando, jamás dejará el tabaco, y en ese caso no tendría sentido seguir adelante con la lectura de los siguientes capítulos.

Llegados a este punto, estamos en un momento crucial para el éxito o fracaso del proyecto de abandonar el consumo de tabaco. Propongo aquí y ahora hacer una reflexión profunda y anotar las razones por las que cada fumador sigue fumando. Si la causa es solo por la propia dependencia o adicción, no hay problema, adelante con los siguientes capítulos. Pero si existen otras razones, entonces conviene parar, releer este capítulo y discutir consigo mismo sobre el realismo, sentido y veracidad de esas razones que impiden avanzar.

Insisto, lo primero que hay que hacer para dejar de fumar es desearlo ¡Sin dudas! ¡Sin excusas!

----==oOOo==----

5

RECAÍDAS

Aunque pueda parecer un error el hecho de haber situado este tema en los primeros capítulos, no lo es. Ya sé que lo normal es que figure al final del libro, pero precisamente este es uno de los aspectos diferenciales del Método Evolhum para dejar de fumar, donde la recaída no existe ni siquiera como posibilidad. Aquí solo existen tratamientos superados o tratamientos incompletos. Este matiz es importante ya que si el programa está completo es porque está superado. Por tanto, si alguien quiere dejar de fumar y utiliza el método Evolhum, dejará el consumo de tabaco de forma definitiva, sin posibilidad de recaída. No es esta una cuestión de inmodestia o fanfarronería, simplemente es la verdad, la realidad.

Cuando se prepara algo mal puede salir mal, cuando se trabaja de forma equivocada seguro que sale mal, cuando se hace algo con dudas y sin convencimiento lo normal es que también salga mal. Pero cuando las cosas se hacen desde el conocimiento, bien planificadas y bien hechas es casi imposible que salgan mal. Uno de los pilares de este método se basa en la confianza absoluta de que la superación del hábito y la adicción es verdadera, real y permanente. Y esto es lo que tienen que tener claro los lectores. De ahí que hablar de recaída en este libro es un mero trámite informativo. Por ello ocupa poco y no se le da importancia alguna.

En la mayoría de métodos se entiende la recaída como "fracaso" tras haber superado durante algún tiempo la adicción y el hábito para después volver a fumar. Es decir, si tras varios días o meses sin fumar, se vuelve a reincidir con la misma intensidad y frecuencia de antes de intentar dejarlo, se entiende como fracaso personal por haber recaído. En cambio en Evolhum esto no ocurre, sencillamente porque no es fumador y es como si nunca lo hubiera sido. Vamos a ver esto con más detalle porque es importante dejarlo perfectamente claro.

Una vez se inicia el proceso de abandono del tabaco, todo el tiempo que se lleva sin fumar es un logro que se hace más importante y definitivo a medida que crece. De manera que volver a fumar aunque sea un solo cigarrillo sería como tirar por la borda todo el esfuerzo y el trabajo que se ha hecho en la parte más dura del proceso" Para la persona que lo está dejando tiene tal magnitud que sería como si cada vez que fume perdiera un brazo. Si al tiempo que lees este libro ya has comenzado a dejar de fumar, por favor, repite varias veces al día: «Lo peor ya lo he pasado, a partir de ahora cada vez me cuesta menos». Estés en la fase que estés y lleves sin fumar el tiempo que lleves, repite nuevamente «Lo peor ya lo he pasado, a partir de ahora es fácil y cada vez me cuesta menos».

Estamos viendo que lo de la recaída es en cierto sentido "un cuento". Quien deja de fumar se encuentra tan bien que no tiene necesidad de volver a probar el tabaco. Y precisamente por ser así de simple, no quiero dejar dudas de ningún tipo:

¿Sería recaída, si tras varios días sin probar el tabaco, el/la exfumador/a decide hacer la prueba fumando solo uno o dos cigarrillos para verificar si todo está controlado? Según nuestro método no sería recaída pero significaría que aún no ha superado la adicción. ¿Por qué? Porque cuando superamos la adicción no necesitamos pruebas de ningún tipo. Podría ocurrir que tras quince o veinte días sin probar el tabaco, se volviera a fumar más o menos igual que antes, ¿esto sería recaída? No, según nuestro método significaría que no se habría superado la adicción. ¿Y si ocurriera lo mismo solo que hubiera pasado más tiempo sin fumar, por ejemplo, unos meses o incluso algún año? Tampoco sería recaída. Según nuestro método seguiría sería poco probable pero querría decir igualmente que tampoco se superó la adicción. ¡Ojo! Hablamos de volver a fumar como antes, es decir, en más o menos igual frecuencia y aproximadamente en las mismas circunstancias y ambientes. ¿Pero los casos anteriores ocurren o pueden ocurrir? No con este método, por eso decía que la recaída con Evolhum no existe ni como posibilidad, por tanto NO HAY QUE TEMERLA ni estar vigilantes para que no ocurra.

Ahora vemos la razón de que este tema figure en los primeros capítulos, simplemente como información, nunca como posible consecuencia.

Un pequeño paréntesis a modo de recapitulación

Con el "método Evolhum para dejar de fumar" queda perfectamente asumido que, tras varios días sin fumar, la adicción y hábitos vinculados se superan con éxito, como comprobaremos más adelante, y en consecuencia la recaída ya no será posible y no se producirá nunca. Por tanto, no hay que dudar, ni estar vigilantes, ni evaluarla, ni temerla. ¡La recaída con Evolhum no existe! No hay que hacer prueba alguna ni pensar más en ella.

Y si ya has comenzado a dejar de fumar recuerda leyendo en voz alta: «Lo peor ya lo he pasado, a partir de ahora es fácil y cada vez me cuesta menos».

6

MOTIVACIÓN PARA DEJAR DE FUMAR

Cualquier comportamiento requiere de algún motivo que lo impulse. Cuando se empieza a fumar se hace por alguna causa, ya sea por curiosidad o por imitar a personas del entorno. Pues bien, cuando se pretende dejar cualquier adicción también se necesitan motivos, cuanto más poderos mejor.

Lo primero que hay que tener claro es que la presión social en contra del consumo de tabaco no es en sí misma una buena motivación. En ningún caso es beneficioso hacer algo por obligación o prohibición, porque aunque lo hagamos, en el fondo nos quedará una sensación de involuntariedad, de que no somos nosotros quien decide ni quien controla. Y, de la misma manera que tampoco es favorable hacer algo por temor, a la larga esas decisiones obligadas tienden a fracasar o dar malos resultados, por tanto, no sirven como motivación.

Las motivaciones para querer dejar de fumar tienen que partir de nosotros mismos, de nuestros valores e intereses personales y por supuesto ser totalmente voluntarias. Lo ideal es que surjan de causas deseadas, sin dudas y libres de modas o tendencias. Porque aquí no vale imitar las motivaciones que tienen o han tenido los demás, y más cuando cada persona valora de manera diferente los distintos argumentos o razonamientos. Pero veamos todo esto con algún ejemplo:

- Dejar de fumar por razones económicas

El gasto ocasionado por el consumo de tabaco puede ser una buena o una mala motivación dependiendo de la valoración de cada persona. Quizás todos coincidan en que fumar es caro pero para algunas personas esto no será una causa o razón de peso, dado que su nivel adquisitivo es alto y le permite comprar tabaco sin que su economía se resienta. Para otras personas con menos recursos económicos puede que tampoco sea una buena motivación ya que el hecho de que resulte caro realmente supone una prohibición al no tener dinero suficiente para comprarlo. Y ya hemos comentando que decidir dejar de fumar debería ser decisión libre y voluntaria, pero en ningún caso obligada. Entonces, ¿cuándo sería buena motivación dejar de fumar por razones económicas? Cuando el fumador, independientemente de su poder adquisitivo y de poder pagar o no lo que consume, entiende que ese coste es excesivo o nada razonable, va en contra de su lógica y entonces decide que es causa suficiente y justa para dejar de fumar. Es decir, cuando entiende que es un dinero mal utilizado.

En este caso ayuda anotar otras alternativas, calculando el dinero aproximado que gasta al año para pensar después en qué lo gastaría que fuera más interesante, valioso o divertido.

- Dejar de fumar por razones de salud personal

Ocurre algo similar a la justificación económica, aunque aquí las consecuencias del daño o daños son más importantes y perjudiciales. De manera que si nos fatigamos fácilmente al subir unas escaleras o respiramos mal o tenemos problemas con cierta frecuencia en las vías respiratorias, por no citar otras enfermedades más graves, es evidente que no necesitamos más motivos para abandonar el tabaco.

No obstante, como ya he dicho con anterioridad, independientemente de que a nosotros no parezca perjudicarnos o no de muestras de que nos esté afectando actualmente, conviene entender y asimilar que a medio o largo plazo fumar perjudica seriamente la salud (como se cita en las propias cajetillas de tabaco).

- Dejar de fumar por razones solidarias de salud

Por consideración con los fumadores pasivos, esas personas cercanas que conviven diariamente al lado de los fumadores y que, por tanto, también se ven afectadas por los efectos negativos del tabaco. Es duro darse cuenta que la esposa, el esposo o los propios hijos pueden estar siendo gravemente perjudicados por el humo de unos cigarrillos que ellos no consumen directamente pero sí de forma indirecta o pasiva todos los días en casa, en el coche, etc.

Las razones solidarias pueden constituir una motivación muy potente y de hecho, en muchos casos, es la principal causa para abandonar el tabaco. No obstante, algunos fumadores persisten y siguen fumando pero se buscan las mañas para que no afecte a los demás. Salen a la terraza a fumar, aunque sea pleno invierno y con un frio… O esperan a llegar a un espacio abierto en la calle o en el campo. O en algún bar con zona para fumadores, donde evidentemente no llevan a su familia.

Es decir, que las razones solidarias pueden ser una gran motivación para dejar el tabaco o simplemente una causa más más agudizar el ingenio y continuar fumando. En cualquier caso esto debería hacer reflexionar a los fumadores sobre su falta de control, como veremos en el siguiente apartado, y darse cuenta cómo la dependencia del tabaco manipula sus vidas. ¡Es triste! Pero es la realidad.

- Dejar de fumar por razones de control y voluntad

Es lo que habitualmente la gente llama "amor propio" o fuerza de voluntad para hacer lo que se proponen. ¿Cuántas veces se toman decisiones que no se ejecutan por la dificultad o el esfuerzo que supone llevarlas a cabo? Todos hemos percibido alguna vez esa desagradable y contradictoria sensación de querer hacer algo pero no poder hacerlo por razones propias, por falta de autocontrol, de fuerzas, de amor propio o de voluntad. Se puede llamar de muchas maneras pero no hay duda que repercute negativamente sobre nuestro comportamiento.

No hay día que se libre de esa sensación de estar haciendo algo perjudicial y no ser capaz de corregirlo o evitarlo. Ese primer cigarrillo del día, aún medio dormidos, que sabe hasta mal y nos hace toser como compulsivamente... Los de última hora del día que ya no saben a nada y después de fumarlos uno se cuestiona « ¿Por qué habré fumado ahora? No me ha sabido a nada, y ni siquiera me apetecía. Me lo podía haber ahorrado, por salud y por dinero». O ese cigarrillo de la desesperación anticipada cuando se va a tener que estar unas horas sin poder fumar en algún lugar donde está prohibido y a cambio se fuma dos prácticamente seguidos para compensar. Y luego nos preguntamos: « ¿Por qué habré hecho eso? No tiene sentido. Es que no tengo fuerza de voluntad. Soy incapaz de controlar mis impulsos...»

Los fumadores saben de lo que estoy hablando. Es una sensación contradictoria de falta de control que hace que esa persona se valore por debajo del nivel deseado, influyendo en otros ámbitos de la vida.

Cuando se deja definitivamente de fumar ocurre al contrario. La sensación de autocontrol y poder se recupera al comprobar que somos consecuentes con lo que decidimos y que nuestra voluntad acompaña a nuestros deseos. Es una sensación agradable que sirve como motivación para acometer otro tipo de proyectos.

Pues bien, este deseo de autocontrol es una de las motivaciones más potentes e influyentes que existen a la hora de decidir dejar de fumar. Pero, insisto, no por los demás (lo que dirán o no dirán) sino por nosotros mismos.

- Dejar de fumar por razones de autoestima

En cierto modo, esta motivación es consecuencia de la anterior. En el caso de las personas adictas al consumo de tabaco, la autoestima es seriamente atacada prácticamente todos los días. No es de extrañar cuando se hace algo en contra de la opinión social o de la mayoría, en contra del sentido común y en contra de la opinión propia. De manera que la valoración sobre sí mismo se debilita y hace que la autoestima pase a niveles más bajos, salvo que existan otros factores personales o profesionales que compensen dicho deterioro.

Estar satisfechos con nosotros mismos, orgullosos de lo que decidimos y de lo que hacemos es fundamental para mantener un equilibrio emocional que nos permita vivir con un nivel de felicidad y plenitud aceptable o normal. Y en ese sentido cualquier tipo de adicción ayuda poco, más bien limita y entorpece. Las adicciones "obligan" a hacer cosas al margen de la voluntad, por tanto, restan valor humano. La buena noticia es que el nivel óptimo de autoestima, como veremos, se puede recuperar, afectando positivamente a otros aspectos de la vida personal y profesional.

En resumen, existen diferentes causas y hay motivos más que suficientes para dejar de fumar, pero tiene que ser una cuestión particular encontrar aquellas que ejerzan más poder. De manera que los motivos importantes para un fumador no son los mismos para otro, ya que cuando se quiere se encuentran alternativas que justifican el hecho de seguir fumando.

Insisto, los motivos o el motivo principal tiene que partir del criterio o razonamiento propio de cada persona, no de las presiones ni influencias externas.

No podemos ignorar ni olvidar que realmente lo que hace cualquier tipo de adicción es secuestrar o en cierto sentido "robar" la libertad para pensar, para decidir y para actuar de las personas con dependencia, al menos en los comportamientos vinculados a esa adicción. Es decir, no se actúa como se quiere, sino como quiere la adicción, por tanto, recuperar la libertad personal debería ser suficiente motivo para abandonar definitivamente el consumo de tabaco.

7

PREPARANDO EL TERRENO

Estamos en el momento crucial y a partir de ahora, con toda la información de base necesaria hay que tener claro que esta vez no será un intento más. Si se deja, se deja.

Independientemente de que los acontecimientos y las circunstancias ajenas a nuestra voluntad siempre sucederán sin que podamos hacer nada para evitarlas, nuestro pensamiento, actitud y comportamiento sí que puede estar bajo nuestro control sin depender exclusivamente del azar. "Si queremos un buen cultivo de nuestros campos, tendremos que preparar primero bien el terreno". Si queremos un cambio en nuestros hábitos, tendremos que partir con la mentalidad adecuada.

Efectivamente, si analizamos las causas principales por las que muchos de los programas para dejar de fumar fracasan, llegamos a la siguiente conclusión:

- Porque falta información o la que hay es falsa.
- No hay una motivación suficientemente convincente.
- Aún sigue habiendo dudas razonables.
- La mentalidad no es la adecuada.

Podríamos decir que las cuatro causas anteriores son "piedras o malas hierbas" que hay que eliminar para dejar es terreno en perfecto estado para el cultivo. Todas necesitan atención especial y todas tienen que estar convenientemente bien ajustadas. No obstante, si tuviera que destacar alguna, sin duda sería "la mentalidad adecuada". Cuando la mentalidad no es la que tiene que ser, es habitual partir con ideas confundidas y creencias desproporcionadas que, antes o después, influyen decisivamente en el proceso.

Como dije en la introducción, seguro que entre los lectores algunos habrán iniciado una reducción del consumo de tabaco desde el principio de la lectura, otros estarán esperando a terminar todos los capítulos y otros posiblemente hayan dejado o hayan intentado dejar ya de fumar definitivamente. Pero insisto y me ratifico en lo dicho entonces: todas esas opciones son válidas, siempre y cuando procedan de una decisión libre y personal. El método Evolhum no precisa de una reducción previa del consumo de tabaco, no obstante, para quienes desean comenzar a probar con la reducción progresiva, porque les parece la manera más razonable o menos complicada de abandonar el tabaco, pues adelante, ahora es buen momento.

¿Qué es la reducción progresiva?

La reducción progresiva es bajar el consumo de tabaco poco a poco, fumando un cigarrillo menos cada día y tras una semana suprimir el consumo diario uno o dos cigarrillos más. Esto, en la mayoría de los casos, ayuda como preparación psicológica a minimizar las consecuencias desagradables de la abstinencia, dado que en el organismo se van reduciendo también los aportes de nicotina.

Para esta reducción progresiva se puede llevar un control diario anotando en una hoja de papel, desde el primer día, la hora, el lugar y el momento en el que se fuma cada cigarrillo del día. Una vez que se tienen identificados los consumos es más fácil decidir qué cigarrillos suprimir. Por ejemplo, durante la primera semana eliminar el cigarrillo de la mañana, es decir, retrasar la hora de comienzo del primero del día para comenzar a fumar más o menos una hora más tarde de lo habitual. En la segunda semana eliminar también el último cigarrillo del día; ese que se fuma casi sin ganas y que más bien parece una obligación, de manera que si ese cigarrillo se fumaba cinco minutos antes de dormir, ahora se fumaría más o menos con una hora de antelación. Tercera semana fumar dos cigarrillos diarios menos (a elección de cada fumador). Y en la cuarta semana suprimir tres más (uno de mañana, otro de tarde y otro de noche). De manera que después de un mes se consuman entre ocho y diez cigarrillos menos cada día. Como digo, esta reducción es opcional tanto en la forma de hacerla, como en el número de cigarrillos a ir suprimiendo diariamente, como en las horas del día en las que se deja de fumar. Lo ideal, eso sí, sería comenzar en un período vacacional, donde además de bajar los niveles de estrés, se suele cambiar de ambiente o entorno y de horarios. Esos cambios de rutinas facilitarían la disminución de cigarrillos.

Todos estos factores y circunstancias quedan a criterio de cada fumador, teniendo en cuenta que lo fundamental después de un mes es haber reducido el consumo diario de manera significativa.

No obstante, esto también es relativo. No es lo mismo empezar la fase de reducción fumando 30 o cuarenta cigarrillos diarios que fumando solo quince. En ese caso, puedo dar una referencia razonable aproximada, que a modo de ejemplo podría ser:

- Fumando 40 al principio, reducir 15 después de un mes
- Fumando 30 al principio, reducir 10 después de un mes
- Fumando 20 al principio, reducir 5 después de un mes

Hay que tener en cuenta que la reducción progresiva no es admitida de la misma manera por todos los fumadores. Hay personas que les crea más ansiedad y les conduce hacia un aumento del consumo. De la misma manera que hay fumadores que solo por el hecho de pensar en dejar de fumar, fuman más. Por ello, si tras dos semanas, algo no va bien o existe la más mínima duda al respecto, mejor dejar la reducción y pasar directamente al comienzo del programa habitual que se explica en el siguiente capítulo. Y en el caso de que todo haya ido normal reduciendo progresivamente el consumo sin incidencias ni problemas, estupendo. A partir de ahí habrá acabado la lectura del libro y puede continuar con la reducción progresiva unos días más o bien pasar al comienzo del programa.

En cualquier caso la reducción progresiva se puede mantener unos cincuenta días aproximadamente, no más, ¿por qué? Preguntan y argumentan algunos fumadores: «si yo puedo seguir reduciendo el consumo así poco a poco mejor ¿no?» Pues no. La experiencia nos ha enseñado que prácticamente en todos los casos queda un residuo de consumo mínimo entre ocho y diez cigarrillos diarios que antes o después aumenta de nuevo, también progresivamente, hasta alcanzar los valores de consumo antiguos o iniciales. Esto es algo infalible. Mientras se continúa fumando, aunque sea poco, el programa está inacabado y se sigue siendo adicto al tabaco.

Con el método Evolhum para dejar de fumar el abandono del consumo de tabaco es total y permanente desde el primer día. ¡Ningún cigarrillo! Pero no por obligación, como veremos en su momento, sino porque no habrá necesidad verdadera de fumar. Por ello, la reducción progresiva puede ayudar en principio como período para bajar la cantidad de nicotina en el organismo, pero si se mantiene más de lo debido solo sirve para perjudicar el proceso general. Por tanto, insisto, quien desee comenzar con la reducción tiene que fijar un plan detallado con un final concreto.

Por otra parte, existen herramientas complementarias, tanto del programa anterior de reducción progresiva como para uso con el propio método Evolhum. Son técnicas verdaderamente interesantes e imprescindibles que conviene llevar en la mochila para cuando se puedan precisar durante el proceso. Vamos a verlas:

Respiración profunda o abdominal

Esta sencilla técnica resulta muy útil para relajarse de forma inmediata y en la mayoría de situaciones estresantes. La respiración profunda baja los niveles de activación fisiológica, reduciendo así el estado de ansiedad provocado, en este caso, por la demanda de nicotina. Puede ser una gran ayuda cuando se está dejando de fumar, ya sea en la fase de reducción progresiva que hemos visto en este capítulo, como en la fase definitiva del método Evolhum.

Su práctica no puede ser más sencilla. En principio, para aprenderla, vamos a tumbarnos bocarriba, cerramos los ojos y ponemos la palma de la mano sobre nuestro abdomen. Con cada inspiración percibiremos como el aire eleva el abdomen y hace subir a nuestra mano. Y en cambio con cada expiración el aire sale del abdomen y nuestra mano baja. Esto se tiene que hacer de forma tranquila y relajada durante aproximadamente diez minutos (diez inspiraciones y diez expiraciones). Con una vez que se haga al día es suficiente. Lo importante ahora es notar como el foco de la respiración se sitúa en el abdomen.

Después de tres o cuatro días ya no es necesario tumbarse, con estar cómodamente sentados nos vale. De la misma manera que tampoco será necesario poner la mano sobre el abdomen. Simplemente cerrar los ojos y respirar profunda y tranquilamente... Sin agobio de ningún tipo, sin prisas, sin preocupaciones. Sintiendo solo cómo entra y sale el aire. Después de hacer esto una vez al día durante una semana más, ya estaremos preparados para utilizar esta herramienta de relajación en cualquier momento y ante cualquier situación. De forma que cuando notemos tensión o rigidez por estar preocupados o estresados, haremos tres respiraciones profundas (sin que sea necesario tener que cerrar los ojos) y nuestro nivel de activación disminuirá y nos sentiremos más relajados.

Visualización en imaginación

La visualización es una forma de imaginación intensa en la que incorporamos la intervención simulada de los sentidos, dando lugar a vivencias y situaciones parecidas a las reales. Aunque solo ocurren en la mente, para nuestro cerebro es como si fuera real y genera procesos que actúan físicamente sobre el organismo, siendo muy aprovechable para el desarrollo y mejora de cualquier actividad.

Sabemos que solo con imaginar o pensar en algo concreto, el cerebro produce cambios físicos (activación o modificación en ritmo cardíaco, hormonas del estrés, oxígeno, flujo sanguíneo, etc.). Por esta razón, podemos aprovechar la visualización en cualquier actividad que requiera hacer prácticas sin una exposición directa de la persona ante situaciones concretas que pudieran resultar lesivas, perjudiciales o especialmente complicadas:

Como exposición para afrontar situaciones:

- De ansiedad o preocupación (hablar en público, entrevistas, pruebas, timidez)
- De estrés postraumático (ante accidentes, agresiones, etc.)
- Situaciones fóbicas (miedos sociales, animales, clínicos...)

Un ejemplo de prácticas en visualización podría ser el de pilotaje deportivo. De manera que imaginamos la práctica incorporando estímulos visuales (ver la pista de aterrizaje, el público, el paisaje, los mandos...), auditivos (sonidos, aplausos, gritos, motores...), e incluso táctiles y olfativos. Es decir, se trata de practicar de la forma más real posible. Luego visualizamos el proceso completo (la salida, el recorrido, las sensaciones, el esfuerzo, la llegada). Hacemos la práctica completa como la haríamos en la realidad.

Realmente, como preparación por anticipación, este tipo de prácticas se pueden utilizar en cualquier actividad. Y en el caso que nos ocupa como prácticas para dejar el tabaco también tienen una utilidad especial para preparar el organismo a vivir sin fumar.

Proceso de visualización para dejar de fumar

No existe un método o proceso estándar, sino que depende de cada persona y situación concreta. Por tanto lo ideal es que cada uno de nosotros creemos nuestro propio proceso, y lo adaptemos a las necesidades que tengamos. No obstante, sirva de ejemplo orientativo el siguiente modelo de visualización:

1 Siéntate cómodamente (con el tiempo y las prácticas, lo podrás hacer más adelante en cualquier parte)

2 Cierra los ojos (así te resultará más fácil abstraerte del entorno real)

3 Haz tres respiraciones profundas

4 Comienza a imaginar situándote en el contexto (lugar y ambiente. Por ejemplo un hospital en el que has ido a visitar a un familiar)

5 Llevas una hora en sala de espera sin noticias y sin fumar

6 Visualiza el ambiente e incorpora estímulos sensoriales (cosas que ves, que oyes, olores que percibes, temperatura, etc.) La megafonía haciendo llamamientos o advirtiendo silencio.

7 Incorpora sensaciones (lo que sientes, tu estado de ánimo calmado a pesar de llevar ya dos horas sin fumar). Tienes la sensación de poder estar así un día entero sin problemas.

8 Respiras lento y profundo… En calma. La nicotina ahora no es ningún problema. No echas en falta nada.

9 Percibe tus sensaciones físicas, tu ritmo, tu respiración…

10 Incorpora más elementos al ambiente, movimientos, personas, objetos, más sensaciones… Te avisan por megafonía para pasar a una sala a requerimiento del médico de guardia. Eso te pone en tensión y sientes cierta preocupación. Pero te sientes con valor, autocontrol y ánimo positivo.

11 Finalmente te informan que todo va bien y que pronto darán el alta a tu familiar.

12 Pero ya llevas tres horas sin fumar, has pasado momentos de tensión y sientes la llamada del tabaco. ¡No pasa nada! Respiras lenta y profundamente tres veces y sabes que en un minuto pasará el deseo y te sentirás realmente bien.

Fin de la práctica con buenas sensaciones y buen resultado.

Realmente han sido unas prácticas de aproximadamente diez minutos donde se ha experimentado en imaginación durante horas con la relación espacio-mente-cuerpo. Simulando situación real para crear nuevos automatismos libres del consumo de tabaco.

Esta herramienta se puede utilizar una vez al día todos los

días durante la primera semana (previa a dejar de fumar), para posteriormente distanciar su práctica según preferencias personales y abandonarla en pleno proceso.

Mindfulness (conciencia plena)

Aquí nos adentramos en una disciplina tan amplia y trascendente que llamarla herramienta queda muy lejos de su verdadera utilidad o poder. Mindfulness es una forma de meditación que en los últimos años se está implantando incluso como sistema filosófico de vida. Procede de la cultura oriental, concretamente del budismo, y se basa en el ideal Zen de vida.

El Mindfulness está integrado también en psicología como complemento a terapias conductistas y en medicina como apoyo a programas relacionados con cáncer y enfermedades cardiovasculares, a través de la reducción de estrés.

Su aprendizaje y práctica se basa en la pura observación, sin analizar ni juzgar lo que ocurre en los pensamientos y sentimientos. Su práctica induce hacia una forma de pensar, sentir y actuar flexible, creativa y relajada.

¿Qué beneficios podemos obtener con una atención o conciencia plena?

Creativamente.- Con una conciencia plena podemos percibir más los detalles del momento presente, por lo que las alternativas y posibilidades para generar nuevas ideas se multiplican. Es como mirar un cuadro, cuando te enfocas en los detalles percibes más y mejores matices, hasta el punto de apreciar cosas nuevas y sorprendentes.

Emocionalmente.- Podemos controlar mejor las reacciones, no solo en lo que se refiere a su intensidad y duración, sino también a las secuelas posteriores. De manera que un sentimiento provocado por una emoción anterior, no afecta al momento presente. Somos conscientes de lo que sentimos ahora y esto nos ayuda a gestionar mejor el comportamiento.

Mentalmente.- En general mejora los procesos implicados en el razonamiento. Aprendemos mejor porque estamos más centrados y concentrados en las tareas del aprendizaje.

Nos relacionamos mejor porque no etiquetamos a los demás, ni los prejuzgamos según clasificaciones pasadas. Solo somos conscientes de la actitud o comportamiento presente. Esto no quiere decir que no tengamos memoria y, por tanto, recordaremos si alguien nos conviene o no. Es solo que con una conciencia del momento conseguimos una mente más amplia que elimina prejuicios sociales.

Tenemos menos limitaciones porque nos basamos más en las circunstancias presentes, sin tener en cuenta tanto el pasado, ni preocuparnos tanto por el futuro.

¿Pero Mindfulness cómo puede ayudarnos a dejar de fumar? Precisamente en el aspecto de vivir el ahora, solo el presente. Por un lado se acepta lo que se percibe, no se juzga ni se busca o indaga en el pasado para encontrar causas ni justificaciones de lo que ocurre ahora. Y por otro, no se anticipa el futuro, ni las dificultades o los posibles problemas que puedan surgir, y con ello no se genera ansiedad. Es decir, en líneas generales se reduce el estrés y la ansiedad, lo que ayuda a minimizar los efectos del tabaco.

8

AUTOMATISMOS

En el capítulo tres ya vimos que en la dependencia al consumo de tabaco existen dos factores que intervienen directamente en la misma. Por un lado la adicción a la nicotina, cuya influencia es principalmente física. Y por otro la dependencia psicológica que denominamos hábitos asociados al consumo de cigarrillos. Pues bien, los hábitos no son ni más ni menos que automatismos, es decir, comportamientos automáticos o involuntarios que tras miles o cientos de miles de repeticiones hemos interiorizado prácticamente sin ser conscientes de ello.

Estos comportamientos automáticos asociados al consumo de tabaco son especialmente importantes a la hora de dejar de fumar. Y aunque la adicción se haya superado en muy poco tiempo, los hábitos requieren algo más de atención, dedicación y paciencia. Pero que nadie piense que es asunto complicado, ni mucho menos. De hecho, la intención principal de informar sobre estos automatismos es precisamente desmitificarlos y situarlos en su justa dimensión, ya que hay personas que no dejan de fumar por temor a estos hábitos bien arraigados.

Tanto en el aspecto personal como en el profesional, nuestro día a día está repleto de pensamientos y comportamientos automáticos. Los hemos convertido en hábitos a fuerza de repetirlos una y otra vez. De manera que la mayor parte del tiempo actuamos de forma rutinaria, sin pensar lo que hacemos y sin apreciar los diferentes "matices y sabores" de cada momento.

Es cierto que actuar de forma automática nos ahorra tiempo, ya que nos permite hacer o pensar en cosas diferentes. Por ejemplo, mientras conducimos podemos hablar con nuestro acompañante, o resolver mentalmente algún problema. También cuando caminamos por las calles de la ciudad, no somos conscientes de nuestros pasos, ni de las sensaciones (colores, luminosidad, fragancias, paisajes, etc.) Nuestra mente está en otras cosas. Pero mientras hacemos o pensamos en esas otras cosas, no somos conscientes de conducir, ni de caminar. Perdemos así las sensaciones y gratificaciones de cada momento.

Un hábito en principio se sustituye no se elimina. Si estamos habituados a coger un cigarrillo cada vez que nos traen un café, y así durante miles de veces, ya no tenemos que pensar en ello, cuando nos traigan un café automáticamente cogeremos un cigarrillo. Pero cuando hayamos dejado de fumar y nos traigan un café, ¿qué haremos? Efectivamente, no sabremos qué hacer, nos faltará aquello que siempre hemos hecho y sentiremos un extraño vacío. Por eso, al principio, surge la necesidad de sustituir por alguna alternativa y hacer algo diferente. Hay quien opta por una solución un tanto radical: «Pues dejo de tomar café y ya está» Pero realmente no se trata de eso. Es preciso acabar con la vinculación no con los elementos vinculantes. Por eso digo que un hábito no se elimina, se sustituye. No obstante, si alguien quiere dejar el consumo de café adelante, pero que no sea por la intención de dejar de fumar.

Hay que tener en cuenta que son numerosos los automatismos asociados durante los años de consumo al tabaco y naturalmente se necesitará tiempo y dedicación para modificarlos todos. En realidad habrá que poner especial atención sobre los más habituales, el resto irán desapareciendo con el tiempo casi sin darnos cuenta. Vamos a ver los que son más frecuentes en la mayoría de las personas:

1. El cigarrillo de los descansos. Este es un clásico ¿verdad? Tiene tanto arraigo que mucha gente que no fuma en lugar de decir: "voy a descansar o hacer un alto» dice «voy a echar un cigarrillo, o vamos a echar un cigarrillo». Pues bien, cuando haya dejado de fumar no sabrá que hacer en los descansos. Las primeras veces aumentará, en ese momento, su ansiedad y le volverán las ganas de fumar, por ello lo mejor es hacer algo que disminuya ese vacío y esa ansiedad. Algo como hacer ejercicio, si se puede, o caminar ligero. Si no se puede hacer nada de esto, lo mejor es beber agua despacio, casi a cámara lenta. Y la tercera alternativa sería comer algo también despacio, masticando bien y sin abusar de grasas ni azúcares.

2. El cigarrillo de la sobremesa. Suele ser también habitual fumar si o si después de las comidas. Si se trata de la comida principal del día, lo ideal como alternativa al tabaco sería una buena siesta, si se puede claro. Pero si eso no es posible, con dar un paseo suave habría que conformarse. En general podemos cambiar algunas rutinas que nos ayuden los primeros días: dejar el coche aparcado para desplazarnos mejor andando o en transporte público, cambiar ligeramente algunos horarios, cambiar algunos alimentos o bebidas, asistir a eventos que normalmente no asistimos (donde además no se puede fumar), etc. En el capítulo sobre refuerzos veremos estas y otras alternativas relacionadas también con la relajación.

3. El cigarrillo prohibido. Ese que se fuma a la desesperada justo antes de tener que entrar en un lugar donde está terminantemente prohibido fumar. Esto ocurre porque anticipamos nuestra preocupación por la abstinencia que vamos a sufrir cuando entremos en un transporte público, en un hospital o cualquier otro recinto donde no vamos a poder fumar durante un tiempo considerable. En cierto modo generamos nosotros mismos la ansiedad y el llamamiento a la nicotina para aplacarla. Para estas situaciones no vamos a necesitar alternativas al hábito ya que si hemos superado la adicción es porque

estamos inmersos en el proceso para dejar de fumar, por tanto, no vamos a fumar tampoco al salir de estos lugares. Este hábito lo tiene quien aún es fumador/a pero quien ha dejado de fumar o está en proceso de ello no lo tiene.

4. El cigarrillo confundido. Lo llamo así por confundir cualquier situación o pensamiento que genere ansiedad con los síntomas de abstinencia en la adicción. Es decir, mientras la adicción a la nicotina produce malestar durante los períodos de abstinencia hasta que se suministra la dosis correspondiente en el organismo, cualquier problema o preocupación se asocia a esa abstinencia y entonces se produce la demanda de nicotina a través del deseo de fumar. Por supuesto, cuando se ha superado la fase de adicción, esta confusión tendrá menos efecto o se controlará mejor sin necesidad de buscar alternativas.

5. El cigarrillo juguetón. Lo llamo así porque si no lo tenemos en la mano parece que nos falta algo. Y si aproximamos nuestra mano a la boca y no es para fumar, parece que también nos falta algo. Esto tiene fácil solución y puede sustituirse los primeros días en que se esté dejando el tabaco por manipular algún objeto como un bolígrafo, un palillo para dientes, un caramelo de palo o cualquier otro objeto que se nos ocurra y nos mantenga con las manos ocupadas.

Curiosamente puede aparecer un nuevo hábito psicológico asociado con el deseo de dejar de fumar, sobre todo cuando se piensa mucho en ello pero no se da el paso definitivo. Y es que el aumento de ansiedad por pensar en ir reduciendo el número de cigarrillo o por anticipar las consecuencias futuras de abstinencia, aumenta el propio deseo de fumar. La sensación de vacío que se produce cuando pensamos sobre lo que haremos dentro de una hora cuando nos pongamos a leer el periódico como todos los días ahora sin fumar (antes cogíamos un cigarrillo pero ahora... ¿qué vamos a hacer?) O esa sensación de vacío por el tiempo muerto de espera hasta que llegue la hora de... "Lo que sea". No dejan de ser pensamientos anticipatorios de preocupación por algo que aún no ha ocurrido. En cambio cuando se deja el tabaco sin preámbulos, sin planificaciones, sin progresividad no se produce este hábito del pensamiento.

En cualquier caso, cada persona suele encontrar sus propias alternativas, esas que mejor se adaptan a sus necesidades. Lo más importante es saber que una vez superada la adicción, los automatismos o comportamientos asociados desaparecerán poco a poco prácticamente sin darnos cuenta. Por tanto, conviene también desmitificar la parte correspondiente al hábito en el consumo de tabaco y saber que solo se trata de costumbres adquiridas por la repetición a diario de algunas conductas asociadas durante años. Y que manteniéndonos firmes en la decisión que hemos tomado, estos hábitos o automatismos no serán gran problema, incluso desde los primeros días.

Dentro de las técnicas de autocontrol es básico reconocer las propias emociones y en este caso reconocer las fuentes de ansiedad. Porque, como hemos visto, es el propio pensamiento quien genera dicho estado. Por tanto, si controlas el pensamiento controlas la ansiedad. Y si controlas la ansiedad controlas el hábito.

Con el autocontrol pasa lo mismo que con la mayoría de nuestros sentimientos y comportamientos, es decir, que si creemos que somos así, no cambiaremos nunca. Es una idea generalizada creer que somos de una manera determinada y no podemos cambiar, porque hemos nacido así y nuestros genes nos impulsan en ese sentido. Pero eso no es cierto, la personalidad la construimos nosotros mismos, por tanto, podemos modificarla en diferentes aspectos. De la misma manera que podemos controlar el pensamiento y adaptarlo a nuestras necesidades. En este sentido nuestro lenguaje interno ejerce un poder especial que conviene ajustar en positivo.

Vamos a terminar el capítulo con una tabla de frases y autoverbalizaciones que ayude a modificar pensamientos y adaptarlos hacia unas actitudes más beneficiosas para los intereses de quien está dejando o ha dejado de fumar.

Pensamiento equivocado: «No sé si podré aguantar tanto tiempo sin tabaco»
Cambiar por: «Seguro que aguanto el tiempo que haga falta sin problemas»

Pensamiento equivocado: «Si me ofrecen un cigarrillo soy incapaz de decir que no»
Cambiar por: «No gracias. No fumo»

Pensamiento equivocado: «Lo estoy pasando fatal. Esto es muy duro»
Cambiar por: «Estar sin fumar no es para tanto. Es más fácil de lo que pensaba»

Pensamiento equivocado: «Físicamente no observo cambio favorable»
Cambiar por: «Estoy más saludable. Mi cuerpo lo está agradeciendo»

Pensamiento equivocado: «No tengo fuerza de voluntad»
Cambiar por: «Todo el mundo tiene fuerza de voluntad y yo no soy inferior a nadie»

Pensamiento equivocado: «No podré dejar de fumar si estoy rodeado/a de gente que fuma. ¡Es imposible!»
Cambiar por:«Aunque estoy rodeado/a de gente que fuma conseguiré dejar de fumar sin problema. Es fácil igualmente y tiene más valor»

9

BUENAS NOTICIAS

La información que hemos visto hasta ahora sobre tabaquismo, recaídas, hábito, adicción, automatismos y salud nos carga la mente de pensamientos negativos respecto al consumo del tabaco, aunque esa es la realidad y no es para menos. Pero falta la parte positiva, faltan las buenas noticias:

¡Dejar de fumar es muy sencillo!

Sí, sí, no es una frase hecha, es la verdad. Dejar de fumar es mucho más sencillo de lo que nos lo pintan, de lo que creemos, o de lo que siempre nos han dicho.

Ha llegado el momento de la verdad. Hay que decidir ya. ¿Quiero dejar de fumar definitivamente? ¿Sí o no? Efectivamente no tiene sentido seguir en la ambigüedad ante una decisión que ya hay que tomar. De todas formas, tampoco es una cuestión de "vida o muerte". Si aún no está claro o quedan dudas, se puede dejar para más adelante, para otro momento en el que percibamos el deseo de forma absoluta. No obstante, aún queda la lectura de este capítulo para despejar las dudas definitivas.

Llegados a este punto me gusta utilizar la metáfora del "elefante encadenado" del libro de Jorge Bucay "Déjame que te cuente...":

Cuando yo era chico me encantaban los circos, y lo que más me gustaba de los circos eran los animales. También a mí como a otros, después me enteré, me llamaba la atención el elefante.

Durante la función, la enorme bestia hacía despliegue de peso, tamaño y fuerza descomunal... pero después de su actuación y hasta un rato antes de volver al escenario, el elefante quedaba sujeto solamente por una cadena que aprisionaba una de sus patas a una pequeña estaca clavada en el suelo.

Sin embargo, la estaca era sólo un minúsculo pedazo de madera apenas enterrado unos centímetros en la tierra. Y aunque la cadena era gruesa y poderosa me parecía obvio que ese animal capaz de arrancar un árbol de cuajo con su propia fuerza, podría, con facilidad, arrancar la estaca y huir.

El misterio es evidente:

¿Qué lo mantiene entonces?

¿Por qué no huye?

Cuando tenía cinco o seis años, yo todavía confiaba en la sabiduría de los grandes. Pregunté entonces a algún maestro, a algún padre, o a alguna tía por el misterio del elefante. Alguno de ellos me explicó que el elefante no se escapaba porque estaba amaestrado.

Hice entonces la pregunta obvia: —Si está amaestrado ¿por qué lo encadenan?

No recuerdo haber recibido ninguna respuesta coherente.

Con el tiempo me olvidé del misterio del elefante y la estaca... y sólo lo recordaba cuando me encontraba con otros que también se habían hecho la misma pregunta.

Hace algunos años descubrí que por suerte para mí alguien había sido lo bastante sabio como para encontrar la respuesta:

El elefante del circo no escapa porque ha estado atado a una estaca parecida desde que era muy, muy pequeño.

Cerré los ojos y me imaginé al pequeño recién nacido sujeto a la estaca.

Estoy seguro de que en aquel momento el elefantito empujó, tiró y sudó tratando de soltarse. Y a pesar de todo su esfuerzo no pudo.

La estaca era ciertamente muy fuerte para él.

Juraría que se durmió agotado y que al día siguiente volvió a probar, y también al otro y al que le seguía...

Hasta que un día, un terrible día para su historia, el animal aceptó su impotencia y se resignó a su destino.

Este elefante enorme y poderoso, que vemos en el circo, no escapa porque cree —pobre— que NO PUEDE.

Él tiene registro y recuerdo de su impotencia, de aquella impotencia que sintió poco después de nacer.

Y lo peor es que jamás se ha vuelto a cuestionar seriamente ese registro.

Jamás... jamás... intentó poner a prueba su fuerza otra vez...

—Y así es, Demián. Todos somos un poco como ese elefante del circo: vamos por el mundo atados a cientos de estacas que nos restan libertad.

Vivimos creyendo que un montón de cosas "no podemos" simplemente porque alguna vez, antes, cuando éramos chiquitos, alguna vez, probamos y no pudimos.

Hicimos, entonces, lo del elefante: grabamos en nuestro recuerdo:

NO PUEDO... NO PUEDO Y NUNCA PODRÉ

Hemos crecido portando ese mensaje que nos impusimos a nosotros mismos y nunca más lo volvimos a intentar.

Cuando mucho, de vez en cuando sentimos los grilletes, hacemos sonar las cadenas o miramos de reojo la estaca y confirmamos el estigma:

¡NO PUEDO Y NUNCA PODRÉ!

Jorge hizo una larga pausa; luego se acercó, se sentó en el suelo frente a mí y siguió:

Esto es lo que te pasa, Demián, vives condicionado por el recuerdo de que otro Demián, que ya no es, no pudo.

Tu única manera de saber, es intentar de nuevo poniendo en el intento todo tu corazón...

...TODO TU CORAZÓN.

Poco hay que añadir a lo que nos enseña este magnífico cuento, ya que en lo que se refiere a dejar el tabaco ocurre algo similar con algunos prejuicios que limitan y no nos dejan avanzar.

Efectivamente, muchos adictos al tabaco no intentan dejarlo porque primero no creen que van a poder, segundo porque creen que el síndrome de abstinencia es tan poderoso y dura tanto que no lo van a soportar y tercero porque han oído decir que es fácil recaer aunque haya pasado mucho tiempo, por tanto, piensan que siempre van a tener que estar alerta y eso les crea aún más ansiedad. Insisto en la importancia que tienen este tipo de creencias donde los prejuicios sobre la dificultad y el malestar abortan cualquier intento de abandonar el tabaco.

Sin embargo, la buena noticia es que todas esas creencias son falsas. Sí, totalmente falsa, al menos en cuanto a la dificultad o complejidad se refieren.

1º El síndrome de abstinencia no es para tanto. Por mucha adicción y sensibilidad que se tenga, no es nada complicado superarlo. No se pasa tan mal como algunos dicen exageradamente. Hay que tener en cuenta que no es permanente, no está presente todo el tiempo. Aparece durante unos segundos y comienza a desvanecerse por completo hasta que pasado un tiempo aparece otra vez. Pero cada vez que aparece, es un poquito más leve o tiene menos fuerza que la vez anterior.

2º Los síntomas fuertes derivados de la abstinencia generalmente no duran más de dos o tres días. Y como ya he dicho antes, tampoco se perciben todo el tiempo ni mucho menos. Además, progresivamente van siendo cada vez más débiles y soportables. Esto es algo que sorprende mucho y a mucha gente ya que la creencia popular es que el síndrome de abstinencia dura mucho tiempo o incluso toda la vida. ¡No es cierto! Cualquiera, por mucha adicción que tenga y por muy débil y sensible que sea lo soporta y supera sin problemas.

3º Como ya se explicó en el capítulo cinco, la recaída con el método Evolhum no es posible. Cuando se deja de fumar con este método se deja definitivamente. No quedan dudas ni sensación de abstinencia permanente. Al contrario, la sensación después de poco tiempo es de no haber fumado nunca. Por ello, insisto, no hay que temer ningún tipo de recaída. Si nos ofrecen algún cigarrillo el rechazo será total y si nos retan con algún tipo de juego o apuesta igualmente se rechazará dado que no hay que demostrar nada a nadie. Con Evolhum dejar de fumar es recorrer un camino sin mirar atrás, es como si a la vez que avanzamos por el camino sin tabaco solo hay una dirección y el suelo tras nuestros pasos, a nuestra espalda, se va derrumbando de manera que si quisiéramos caminar hacia atrás caeríamos en un abismo. Muchas personas recaen porque siguen manteniendo dudas o temores. Con Evolhum no hay duda ni temores, es tan fácil decir «No» que no puede haber recaídas.

4° Sobre los hábitos psicológicos vinculados al tabaquismo también hay mucha "ciencia ficción". Y hay quien confunde la adicción con el hábito o el hábito con la adicción. Después de tantos años haciendo lo mismo, es decir, fumar mientras se toma un café o una copa, o después de comer, o en una negociación, es normal que al dejar de fumar aparezcan las ganas cuando esos momentos o circunstancias se repitan a diario. Eso no es adicción sino hábito vinculado en su día a la adicción. Y muchos fumadores cuando piensan en ello se preguntan: « ¿Qué voy a hacer en esos momentos sin fumar?» Perciben un vacío difícil de superar, pero que ni dura toda la vida, ni tiene la fuerza del síndrome de abstinencia. No obstante, el próximo capítulo se dedica exclusivamente a cómo superar estos hábitos.

En resumen, no exagero si digo que el 80% de la dificultad para dejar el tabaco reside en las anteriores falsas creencias, de manera que cualquier fumador con una mentalidad menos contaminada y libre de esas ideas puede superar la adicción al tabaco de forma fácil, rápida y eficaz.

Sobra mucho dramatismo en esto de abandonar el tabaco y así no es de extrañar que muchos fumadores se echen para atrás. Lo pintan tan mal y tan complicado que algunos ni lo intentan y muchos de los que comienzan, a poco que aumenta la ansiedad piensan: «Si esto va a ser así durante un año, dos o quien sabe… Mejor ni lo intento. Yo no voy a poder». En cambio cuando entienden que esa parte negativa dura muy poco y no es tan grave, se animan a dejar de fumar con entusiasmo para luego tras un mes decir: «Pues no era para tanto» y «ahora me encuentro fenomenal. Si llego a saber esto lo hubiera dejado antes».

10

DECISIÓN ACERTADA

Hasta ahora hemos dedicado una buena parte del libro a recopilar datos e información para ampliar los conocimientos que son necesarios para entender el tabaquismo desde todas las perspectivas posibles. A partir de este capítulo vamos a profundizar en el eje del proceso desarrollado bajo el método Evolhum. Iniciamos el camino con una mochila que contiene nuevas herramientas. Nos hemos desprendido de las pesadas "ideas barreras" aquellas que impiden avanzar, para quedarnos con lo que es útil y nos va a ayudar a dejar de fumar definitivamente.

Lo normal es que si todo ha transcurrido por los cauces habituales la decisión de dejar de fumar estará ya tomada. Y no me refiero a esa decisión ambigua, forzada o dudosa, me refiero a la que nace del interior de cada persona producto de sus propias convicciones e impulsadas por motivaciones especialmente potentes. En ese sentido, es como si la justificación, el motivo y la decisión hubieran creado un solo cuerpo en forma de escudo protector realmente sólido, que ayudará a dejar el tabaco de la manera más simple.

En la vida hay muchas decisiones difíciles, sobre todo por la trascendencia o repercusión que tienen para nuestros intereses y los de las personas cercanas a nuestros sentimientos. Pero si clasificamos esas decisiones, las podemos identificar

como:
- Normales. Los asuntos cotidianos (horarios, comidas, vestuario, relaciones sociales, ocio, etc.)
- Importantes. ¿Adquirir una mascota? Tipo de vivienda y decoración. Imagen personal general. Vehículo ...
- Muy importante: Elección de pareja para compartir la vida. La formación (estudios). El trabajo o los negocios.

Explico esto de los niveles en la toma de decisiones porque, para mí, dejar de fumar está sin duda en el máximo nivel "Muy importante" Es decir, la repercusión de la decisión por abandonar el consumo de tabaco es fundamental para el bienestar físico y mental, por tanto, para la calidad de vida personal y familiar. Puede parecer algo exagerado, pero si hemos entendido los argumentos nocivos expuestos en los anteriores capítulos, sabemos que tanto física como psicológicamente, el tabaco afecta negativamente a quien fuma y a su entorno. Pero esto, lógicamente se entiende mejor después de unos años sin fumar.

Por eso digo que la decisión dejar de fumar es una decisión acertada. Bien, pues una vez que hemos decidido abandonar el consumo de tabaco, podemos comenzar a decir que ¡Ya no somos fumadores! Es el momento propicio para dar paso a la nueva mentalidad adquirida y dejarla actuar, ya que solo traerá consecuencias positivas para el organismo. A partir de ahora, por ejemplo, mientras estamos leyendo, nos sentimos tranquilos, cómodos, sin prisas, sin presión y con una agradable sensación de poder y control.

Aunque por el momento no ponemos límites ni horarios. No nos marcamos nuevos objetivos, ni nos fijamos un tiempo sin fumar... Ni miramos atrás ni miramos adelante, simplemente ahora no fumamos porque no lo necesitamos. Incluso cada vez pensamos menos en ello (en que ya no fumamos), simplemente seguimos con nuestras cosas. Que apetece pasear, correr o hacer ejercicio, pues lo hacemos, que apetece seguir leyendo, seguimos leyendo. Que notamos algo de tensión o presión en el estómago o en alguna otra parte, es normal y no pasa nada. Utilizamos la técnica de la respiración abdominal que hemos aprendido y obtendremos tranquilidad para controlar el momento. No hemos necesitado nada especial y no hemos preparado nada de nada: no hemos retirado ceniceros ni siquiera el paquete de tabaco que aún sigue encima de la mesa a nuestro lado. No tenemos la necesidad de hacer nada diferente porque no nos sentimos obligados a nada diferente. No hemos fijado un tiempo sin fumar, no es necesario. Simplemente sabemos que llevamos un tiempo sin probar el tabaco y que no pasa absolutamente nada de nada. Al menos nada importante.

Puede que en algún momento seamos conscientes de cierto malestar (sudoración excesiva o que el estómago vuelva a estar tenso), pero sabemos que es simple ansiedad por falta de nicotina. Nos falta nuestra dosis de "veneno" pero no la vamos a tomar, nos ha costado mucho llegar hasta aquí como para tirar todo por la borda. No obstante, «me acaban de llamar por teléfono y he contestado más o menos con normalidad, bueno al principio he balbuceado un poco pero luego bien. Ha sido más fácil de lo que pensaba». Y sigo pensando: «si el síndrome de abstinencia es esto, tampoco es para tanto, al menos a mí no me afecta demasiado». Y efectivamente así es, no es para tanto y cada vez será mejor. No ponemos límites ni horarios. No fijamos un tiempo sin fumar... Ni miramos atrás ni miramos adelante, simplemente ahora no fumamos porque no lo necesitamos. Y podemos continuar con nuestra rutina diaria, sin tener que pensar en el tabaco.

Es importante lo que nos decimos a nosotros mismos. A lo largo del día mantenemos pequeñas conversaciones que nos pueden reforzar o deteriorar según que la orientación de esas frases internas sea positiva o negativa. La siguiente manera de pensar puede servir como ejemplo positivo

«No sé cuánto tiempo o cuantas horas llevo sin fumar, ni me preocupa. Antes para mí esto era impensable... Pero me encuentro bien y me gusta esta sensación de control. Es cierto que ahora mismo me apetecería un cigarrillo, pero la necesidad no es tan fuerte ni tan importante, y si he conseguido estar unas horas sin fumar seguro que puedo seguir así, sin

mayor problema. Así que seguiré, no quiero pensar por cuanto tiempo, pero de momento estoy bien, llevo la abstinencia bien y seguiré. Bebo un poquito de agua despacio, respiro profundamente para tranquilizarme aún más y cambio el pensamiento hacia otra cosa, algo que tenga que hacer o que me apetezca hacer».

Hay que tener en cuenta que en el lenguaje interno además de positividad, conviene ser realistas y no exagerar en ningún sentido. Si nos mentimos a nosotros mismos será perjudicial en cuanto a la propia credibilidad del conjunto de lo que nos estamos diciendo. Si por ejemplo estoy dando mis primero pasos en una actividad deportiva y me digo «soy el mejor» sé que eso no es cierto, por muchas veces que me lo repita e intente creérmelo. Algún día es posible que lo sea pero de momento es imposible y eso resta credibilidad al resto de mensajes que me vengo dando a diario.

El otro aspecto importante a considerar dentro del lenguaje interno es el uso del tiempo presente. Es una cuestión de costumbre que pronto se adquiere con la práctica, simplemente evitando pensar en pasado o en futuro. Por ello, no conviene pensar en lo que vamos a hacer sin fumar, ni en el tiempo que vamos a estar sin fumar, ni en el tiempo que hemos estado fumando. Simplemente NO fumamos y punto. «Estoy bien, me siento bien, y ante cualquier petición, ofrecimiento o pregunta sobre el tabaco, responder no fumo o no soy fumador. Cuando decimos quiero ser o hacer… Es que aún no lo hacemos o no lo somos. En cambio cuando decimos que somos esto o aquello asumimos que ya lo somos y nuestros procesos inconscientes trabajan en ese sentido. Por tanto, tiene que quedarnos perfectamente grabado en la mente que ya no somos fumadores, independientemente de la parte del proceso en el que nos encontremos. No importa el tiempo que lo hemos sido o si algún día lo vamos a ser… Importa ¡Ahora! Y ahora no somos fumadores.

Para los casos donde la ansiedad sea realmente un problema importante podemos utilizar la herramienta "visualización en imaginación" que ya desarrollamos en el capítulo siete. Por ejemplo cuando dentro de cinco días tienes una entrevista de trabajo que puede marcar tu futuro ya que dependiendo del resultado de la misma puede ser que tengas que cambiar hasta de lugar de residencia a un país que no conoces, con un idioma que solo entiendes a medias. Todo ese cúmulo de circunstancias hace que te preocupes dando vueltas a lo que vas a decir, a cómo vestirás, al aspecto que quieres mostrar, a todo lo que tendrías que preparar en caso de que finalmente te cojan para el puesto… Y tú en pleno proceso para dejar de fumar. Está claro que el nivel de ansiedad se eleva hasta niveles donde la nicotina comenzará a "llamarte a gritos". Bien, en ese caso primero relájate y busca un lugar tranquilo, sin interrupciones y dedica diez o quince minutos a visualizar el día de la entrevista.

Sigue un proceso similar al detallado en el capítulo siete. De lo que se trata es de imaginar el día, por supuesto sin fumar, desde un punto de vista controlado y relajado. Si quieres puedes entrar en el detalle de alguna pregunta y su respuesta correspondiente, la que te salga en el momento, sin profundizar mucho y sin juzgarte. Mientras visualizas no importa lo que digas. Lo que importa es verte con seguridad, control y con la sensación de hablar y razonar de forma ágil y coherente. Que sientas como terminas la entrevista bajo control y sin necesidad de fumar. Y cuando te comunican en ese mismo momento que te han elegido para el puesto… Percibes una sensación de felicidad que inunda tus pensamientos pero que no altera tu autocontrol. Es más, aún sientes más alegría cuando recuerdas que una de las preguntas era: ¿Fumas? Y has respondido sin dudar «No». Sigues visualizando, ahora los preparativos para el cambio de residencia. Y como al menor indicio de preocupación haces dos respiraciones profundas y te relajas con la agradable sensación de control y de pasar los días sin la necesidad del tabaco.

Utiliza la herramienta de visualización una vez al día hasta que desaparezca el nivel alto de ansiedad o hasta un día antes de producirse las circunstancias que preocupan, en este caso la trascendental entrevista de trabajo y el cambio de residencia posterior. No obstante, esta técnica es aplicable a numerosos y variados casos, donde el estrés o la preocupación de los acontecimientos (examen, oposiciones, etc.) se puedan confundir con la ansiedad por dejar de fumar.

Una alternativa similar, dentro del método Evolhum, a la herramienta de visualización en imaginación es percibir como pasado el suceso, la prueba o las pruebas. Sentir el éxito de haberlo superado. Me explico: sería ejecutar solo una sesión con esta nueva herramienta sobre aquello que nos preocupa, visualizando también en imaginación el éxito de la entrevista de trabajo (por ejemplo) pero sin detalle. Es decir, no hay que entrar en las preguntas ni las respuestas, ni en el entorno o ambiente previo. Solo imaginamos haber pasado el proceso con éxito y sentirlo profundamente, percibiendo una gran alegría por ello imaginando que llegamos a casa y lo comunicamos a la pareja o a un familiar o a un amigo: «Estoy muy feliz con la entrevista de trabajo, me han seleccionado para el puesto y he controlado en todo momento la situación, sin la necesidad de fumar». Repito, todo esto de forma imaginaria también, pero solo durante esos diez minutos sentidos como si fueran reales, sin detalles, solo sensaciones: control, alegría, poder, etc. Esta sesión no se repite ningún día más y si luego nos viene a la memoria algo relacionado con la futura entrevista de trabajo, para nosotros, será como pasado. Un pasado feliz y exitoso de autocontrol y sin la necesidad de fumar. Para la ansiedad de los días posteriores con el supuesto traslado de residencia habría que hacer otra sesión en la misma línea que la anterior, pero solo una, donde se perciban igualmente las emociones por haber pasado con éxito y control dichas pruebas.

Una última observación antes de acabar el capítulo. En la técnica preparatoria sobre reducción progresiva de tabaco vimos que era conveniente iniciarla en época vacacional, por lo de mantener niveles más bajos de estrés y porque el cambio de entorno, si se produce, también ayuda bastante, siendo más probable que se produzca durante las vacaciones. Pero ahora estamos en pleno proceso del método Evolhum y no necesitamos ninguna situación o período especial, ni cambiar de ambiente. No hay que evitar ningún tipo de circunstancias o vivencias. Antes o después, todas se afrontarán sin la necesidad del tabaco, por tanto, no hay que temerlas.

11

REFUERZOS Y RECOMPENSAS

Ha llegado el momento de reconocer y valorar el paso que hemos dado al dejar de fumar. No tanto por la dificultad, que estamos viendo que no es gran cosa, sino por la valentía en la decisión y por creer en nosotros mismos. Por otra parte, es normal querer obtener recompensa por el esfuerzo realizado. Y por supuesto, al dejar de fumar algún esfuerzo sí que se hace. Por tanto, ¿dónde está nuestro premio? Bueno, eso es algo que tiene que decidir cada persona según sus gustos o preferencias. Hay quien prefiere planificar un viaje, mientras que otros compran directamente algún obsequio como un aparato de gimnasia, para practicar ahora que están más sanos.

Desde luego, la mejor recompensa ya la hemos recibido o la estamos recibiendo en forma de salud. Nuestro organismo se está limpiando de toda la toxicidad acumulada durante años. Muchas células se están regenerando y están saneando órganos importantísimos como los pulmones. Ahora incluso se tose más y somos conscientes del cansancio o la falta de aire al subir unas escaleras. Y es que ahora los pulmones están despertando (se les reclama). En la fase inicial es evidente que surgen cambios en el organismo que conviene entender como la transformación positiva que en beneficio nuestro estamos provocando.

Pero al margen de recuperar o mejorar la salud que por supuesto era una consecuencia esperada y deseada, de lo que se trata es de reforzar la autoestima, que ya vimos también que era otra consecuencia favorable para mejorar nuestra calidad de vida. En ese sentido, conviene buscar algún detalle con el que premiarnos, algo que nos recuerde que tenemos una capacidad de autocontrol de gran valor que nos va a ayudar a afrontar situaciones complicadas a lo largo de la vida.

En sí misma cualquier recompensa sirve además como refuerzo, ya que afianza el paso importante que hemos dado. Y hablando de refuerzos, que nadie piense que son imprescindibles para dejar de fumar. ¡Ya no somos fumadores! Pero después de haberlo sido, el organismo entra en proceso de regeneración, por tanto, cualquier ayuda es bien recibida.

No existe una lista detallada de refuerzos para el proceso de abandono del tabaco, pero en líneas generales podemos decir que toda actividad o situación que disminuya los niveles de ansiedad se pueden considerar refuerzos. Así como cualquier herramienta que sirva para afrontar situaciones de estrés, será útil para ayudar en el proceso.

Como sabemos, el control de los acontecimientos y las diferentes situaciones no están en nuestras manos, pero la interpretación que hacemos de todo eso que ocurre sí que depende de nosotros. Y en ese sentido, es conveniente ser positivos y no dramatizar en exceso, recordemos la célebre frase del emperador Marco Aurelio: "Dios mío, dame el valor para cambiar las cosas que puedo cambiar, la serenidad para aceptar las que no puedo cambiar y la sabiduría para distinguir entre las dos." Es decir, aunque no es asunto a tratar en este libro, quizás sea buen momento para modificar nuestro lenguaje interno y nuestro pensamiento hacia una línea más suave, tranquila y flexible.

Respecto a otros refuerzos que podemos usar, como si de herramientas se trataran, están el que vimos sobre la respiración abdominal o profunda que nos ayuda a tranquilizarnos en momentos puntuales. Y no olvidar la botellita de agua para apaciguar el espíritu con lentos y frecuentes traguitos.

Pero si hay un refuerzo verdaderamente poderoso y sano ese es el ejercicio físico. Es el complemento ideal para acompañar en el proceso para dejar de fumar. Insisto en que no es imprescindible, pero ayuda sin ningún género de dudas. Cualquier tipo de ejercicio es bueno, pero dependiendo de la forma física que se tenga, lo mejor es comenzar por algo sencillo como andar, eso sí, a paso ligero durante cuarenta y cinco minutos o una hora si es posible. Dejar a un lado, en lo posible, el ascensor. Utilizar menos el coche y usar más las piernas. Inscribirse en un gimnasio con programación dirigida por algún Coach. Apuntarse a una academia de artes marciales o de baile. Y por supuesto natación, para mí lo mejor y más relajante.

En fin, queda a elección de cada cual el tipo de ejercicio físico que quiera realizar diariamente. Y si no es posible todos los días, al menos tres veces en semana. No solo reforzará el proceso de abandono del tabaco, sino que regenerará y pondrá en forma el organismo, además de relajar al reducirse los niveles de estrés.

12

FACIL, RÁPIDO Y EFICAZ

Estimados lectores, hemos llegado al final del proceso para dejar de fumar. Fácil, rápido y eficaz ¿verdad? Al menos respecto a la idea o creencia que había antes de empezar a leer el libro. Eso no quiere decir que haya resultado un camino de rosas. De hecho lo recomendable sería volver a leer todo de nuevo, o al menos desde el capítulo cinco en adelante, de forma que las ideas queden reforzadas junto a la estructura del programa, independientemente de que ya se haya dejado de fumar o de que aún se esté en alguna parte del proceso.

En cualquier caso, la intención de este último capítulo es ser útil como epílogo, recapitulación o resumen, de manera que cuando surja una duda puntual sea fácil localizarla aquí sin tener que buscar por las diferentes partes o secciones del libro.

Cuando hablamos en términos generales actuamos en función de tres factores: 1.- lo que sucede o lo que nos sucede (según nuestra percepción e interpretación, tanto consciente como inconsciente) 2.- lo que sabemos sobre eso que sucede o nos sucede y 3.- lo que sabemos hacer para afrontarlo o modificarlo a través de nuestras capacidades.

Con el método Evolhum para dejar de fumar hemos trabajado en este libro sobre los tres factores anteriores de la siguiente manera:

1.- Sobre la forma de interpretar y valorar el consumo de tabaco (lo que nos sucede). El método provoca una regeneración de ideas arraigadas pero obsoletas y equivocadas que, cuando menos, confunden. En ese sentido, podemos decir que hacemos una limpieza de creencias incorrectas y limitantes. Esta fase está distribuida estratégicamente en diferentes partes del libro, de manera que los lectores no tengan que preocuparse por localizarla. De hecho, su efectividad reside en la participación no consciente.

2.- Sobre lo que es el tabaquismo (conocimiento de las causas y consecuencias) y lo que representa para cada uno de nosotros (excusas, condicionamiento, etc.) Esta fase también forma parte de diferentes capítulos, y su intención es forjar en los lectores nuevas estructuras de pensamientos sobre las que pueda cimentar libre y personalmente su decisión de fumar o no fumar.

3.- Sobre como modificar o superar la adicción y el hábito para abandonar definitivamente el consumo, hemos incorporado diferentes técnicas de autocontrol, así como complementos que ayuden a minimizar el esfuerzo.

Como aclaración especial, decir que el hecho de trabajar algunos aspectos de forma encubierta o indirecta (sin que el lector sea consciente de ello) forma parte del propio método Evolhum, y más teniendo en cuenta que la forma de comunicar a través de libro no produce interacción como sí que ocurre en el coaching directo. En un libro hay elementos como la frecuencia e intensidad de los mensajes que no son controlables lógicamente, dado que el lector es libre de leer cuando quiere y durante el tiempo que quiere.

Bien, una vez aclarado y resumido el sistema de trabajo, vamos a incidir sobre la parte que los lectores, en caso de dudas, pueden localizar y trabajar mejor: "las técnicas de autocontrol".

Partiendo de que ahora ya sabemos que aunque dejar de fumar es algo relativamente sencillo, un mínimo de voluntad y esfuerzo hay que poner. Hay que modificar patrones de conducta que influyen en los demás, y eso fácil, fácil no es. Necesitamos saber manejar o afrontar determinadas situaciones y saber controlar determinadas emociones.

Hemos visto que para abandonar definitivamente el

consumo de tabaco solo hay que superar dos partes: una es la adicción a la nicotina y la otra los hábitos psicológicos creados como asociaciones vinculadas al consumo de cigarrillos.

Como consecuencia de la adicción a la nicotina, cuando se deja de consumir, se produce el síndrome de abstinencia, que es a lo que la gente más teme, hasta que con este método descubren que esos síntomas son "fácilmente superables". Dos o tres días y habrá pasado lo peor sin que haya sido nada terrible ni complicado. En el síndrome de abstinencia no hay que analizar o calcular, ni suponer nada. Para cada persona es diferente y esto lo descubres cuando percibes que a ti, casi no te afecta. De hecho el comentario más habitual en esta fase suele ser: «Pensé que sería peor, pero no, no es para tanto». No obstante, para disminuir la ansiedad propia del síndrome de abstinencia a la nicotina, hemos visto técnicas como la meditación en atención plena "Mindfulness" que nos sitúa en el ahora y en el suave fluir de las cosas tal como son y tal como suceden, sin interferencias o resistencias por nuestra parte.

Mindfulness es una forma de apaciguar la mente, donde lo único que hay que hacer es no hacer nada. Para comenzar cada sesión podemos concentrarnos en nuestra propia respiración, pero sin intentar modificarla (solo observarla). No dirigir el pensamiento, ni recordar, ni calcular, ni analizar, ni cuestionar. Sólo observar (sonidos, pensamientos, respiración) sin juzgar y dejar que nuestra mente haga lo que quiera. Si observamos que nuestro pensamiento divaga o está muy centrado en algún recuerdo o en alguna preocupación, tranquilamente retomamos nuestra atención sobre la propia respiración y continuamos con la meditación plena...

Hemos visto también la técnica de la respiración abdominal para reducir el nivel de ansiedad de forma puntual y rápida. Porque hay ocasiones donde aumenta el malestar, nos ponemos nerviosos y la tensión crece. En ese momento no somos conscientes de la causa, no sabemos por qué, pero enseguida pensamos que será por la falta de nicotina y queremos fumar como sea. ¡Pues NO! Sea por lo que sea, lo primero que habrá que hacer será utilizar durante diez minutos aproximadamente la respiración abdominal o profunda. A veces esa tensión o estado alerta es provocado por algo que pensamos o recordamos y no tiene nada que ver con la nicotina. En ese caso, para averiguar y tratar con lo que provoca la ansiedad, lo que hay que hacer es trabajar sobre esos pensamientos o recuerdos, pero después de haber practicado la respiración profunda.

Por último, no podemos olvidarnos de la herramienta más potente que existe contra el consumo de tabaco, el ejercicio físico. Hemos visto en el capítulo anterior su uso como refuerzo psicológico, también tiene utilidad como relajante o técnica anti estrés. Pero si en algo resulta especialmente potente y eficaz, desde el punto de vista homeostático, es como complemento regenerador para restablecer el deterioro orgánico producido por el consumo de tabaco. En el ejercicio físico todo son ventajas y la verdad es que con media hora diaria es suficiente para notar sus beneficiosos resultados.

Ya hemos limpiado la mente (ideas, pensamientos, creencias limitantes, etc.) y comenzamos a limpiar y controlar el cuerpo, con el apoyo incondicional del ejercicio físico (aunque solo sea andar treinta minutos diarios). Solo nos queda apoyar la capacidad regeneradora que todos tenemos, el sistema inteligente más potente que existe: nuestro propio organismo.

Efectivamente, tiene que quedarnos perfectamente claro que en nuestro interior reside una capacidad regeneradora que restablece cualquier desequilibrio, en este caso, el producido por las sustancias nocivas del tabaco. Así pues debemos confiar ciegamente en nosotros mismos y en el poder regenerador de nuestro cuerpo, de manera que a los pocos días la mejora será fácilmente constatable.

— ¿Y ya está?—Preguntarán algunos lectores.

—Sí, hemos terminado

— ¿No es necesario hacer un plan de trabajo estricto?

—No, eso lo hace nuestro propio organismo.

— ¿Y no hay que tomar algún medicamento o algún

compuesto natural?

—No, no es necesario complemento alguno.

—Entonces…

Estas preguntas y "dudas" finales son habituales. Y es que desde bien pequeños se nos ha condicionado bajo la asociación curación-fármaco. No deja de ser una forma de adiestramiento para entender que si queremos cambiar o curar algo en el organismo, tenemos que intervenir en él aunque sea consumiendo algún tipo de medicamento. La cuestión es que algo exterior tiene que entrar en nuestro interior para curarnos, y no entendemos otras formas de intervención. Pues bien, esa idea también hay que cambiarla porque ¡No es cierta! Hay dolencias y enfermedades que necesitan fármacos específicos determinados, pero otras no lo necesitan.

En el caso de la curación y regeneración del organismo por dejar de fumar, lo único que hay que hacer es ¡Empezar ya! Dejar ya el tabaco, sin más dilación. ¡No somos fumadores! Tú ya no eres fumador o fumadora Que cada persona repita: « ¡Ya no soy fumador/a! Y a partir de ahí se olvide completamente del tabaco».

ACERCA DEL AUTOR

Fernando Barba Izquierdo nace en mil novecientos sesenta y uno en Puertollano. Localidad de cincuenta mil habitantes que se encuentra al sur de la región de la Mancha, en la Provincia de Ciudad Real. Es el menor de cuatro hermanos y desde muy temprana edad mostró un interés especial por todo aquello que tuviera relación con la mente, el pensamiento y el comportamiento humano. Estudió la licenciatura de Psicología en Madrid y cursó Master en Neuropsicología y en Alto Rendimiento Deportivo. Es especialista en Hipnosis clínica y en Psicología del Coaching y posee amplios conocimientos sobre Neuromarketing, PNL y Mindfulness. Además de este libro, ha escrito "Éxito Pleno" y "Cómo se mejora la autoestima" junto a cientos de artículos en diferentes plataformas web.

Fruto de los treinta años de investigación sobre la mente crea el "método Evolhum" sobre control mental para la mejora de capacidades. Evolhum es un sistema basado en la regeneración de la mente, que está consiguiendo excelentes resultados en diferentes ámbitos como la salud, el deporte, la formación y el liderazgo o dirección de grupos y organizaciones.

Durante muchos años, Fernando Barba, ha compaginado su pasión por la investigación de la mente humana con la actividad profesional dentro del departamento de Recursos Humanos. Actualmente además de Escritor y Asesor/Coach, es Director de desarrollo en www.exitopleno.com y desde enero de dos mil dieciséis es Presidente de Evolhum Sport y Evolhum Life.

Para cualquier corrección, duda o sugerencia se puede comunicar directamente con el autor en info@evolhum.com